社会情報
システム概説

コミュニケーション・メディア・
情報技術の観点から

内木哲也 ● 著

Introduction to Sociological Studies of Information Systems

From the Viewpoints of Communication,
Media and Information Technology

共立出版

この複雑な迷宮へと 誘 われた亡き浦昭二先生と，
その解明を見守り続けてくれた妻玲子に捧ぐ

はじめに

　本書は，社会生活の中で日常的に認識し関わりを持つ「情報システム」を社会学的に捉えて，議論するための視座を提供することを目的としています。そのため，本書が対象としている情報システムは，人々に情報を伝達する「情報メディア」を保存・管理したり，運び届けたりするための仕組みとして捉えたものに限りません。むしろ，その社会基盤としての仕組みによって形作られる人間組織としての社会の様相や，そこに芽生える文化的現象をも含めた広い視野からの情報システムを対象にしているのです。

　タイトルの「社会情報システム」とは，「社会に関する情報システム」ではなく，「情報システム現象への社会学的アプローチ」ということを意味しています。本書を読み進めることで，この意味合いを汲み取ってもらえると思いますが，「情報システム現象」や「その社会学的アプローチ」では馴染みが薄く感じられましたので，このようなタイトルをつけました。

　現代社会での暮らしを営むために情報システムは不可欠です。それをもたらすスマートフォンやインターネットなどの情報技術が無くては社会生活が成り立たない，と考えている人も多いことでしょう。企業や行政などの組織で仕事を遂行するためだけでなく，生活における日常的な行動にも情報が欠かせませんので，私たちは情報システムに依拠して生きているとさえいえましょう。ですから，情報システムの不具合は社会生活に大きな混乱をもたらし，ニュースとしても大きく取り上げられるのです。そればかりか，今日ではスマートフォンやインターネットがない日常生活は想像し難いことでしょうし，もしそのような状況に陥ったら，不便さを通り越して恐怖さえ感じるかもしれません。

　このように私たちと深く関わり，必要な情報をもたらしてくれる情報システムですが，それは一体何なのでしょうか。学生をはじめとする多くの人々に問いかけてみると，「情報技術に関連した機材やシステム」とか，「情報をもたらす仕組み」というような共通認識はあるものの，その対象や範囲，そして捉え方もそれぞれで異なっているように感じられます。さらに面白いことに，「情報システム」という用語は，新聞の記事やテレビのニュースで頻繁に取り上げ

られ，よく話題になっているにもかかわらず，専門用語を網羅した『大辞林』
以外の『広辞苑』のような一般的な国語辞典には見当たりません。そればかり
か，その原語である "Information System" も英語辞典の Oxford Dictionary
に見いだすことができないのです。

　インターネット上の百科事典であるウィキペディアによれば，これらの用語
は「情報システム」という研究分野や研究対象を指し示す専門用語として説明
されており，一般的な用語でないことがわかります。そのような用語であるに
もかかわらず，国内外を問わず，専門家でない一般の人々との日常的な会話の
中で情報システムが話題になることがよくあります。しかも，用語の意味が取
り沙汰されることもなく，会話が成立しているように感じられます。このよう
な状況は，洋の東西を問わず，「情報システム」という用語が多くの人々にご
く自然に受け入れられ，認知されていることを示しています。一方，このこと
は，「情報システム」の認識が人それぞれであり，その人の社会的状況の差異
によっても大きく異なるであろうことをも示唆しています。

　そもそも「情報システム」は，水流にできる渦のように，ある社会的状況下
での人々のコミュニケーション行為のなかで形作られる機能的な様式といえま
す。つまり，技術的な機材や動作の仕組みは，一般的な認識とは反対に，私た
ちが形作っている，あるいは形作ろうとしている様式としての情報システムの
機能性を高め，発揮させるために構築されたものなのです。水流に人為的な渦
を作り出すように，技術的な取り組みで新たな情報システムを構築することも
もちろん不可能ではありません。ですが，それには多大な労力を要しますし，
達成できたとしても維持できない脆ささえあります。なぜなら，人々がそのシ
ステムに求める「情報」は，その利用者たちの意識や欲求のみならず，人々の
行動を統御する社会の制度や構造，そして人間集団の秩序を保つ不文律として
の規範や文化，といった社会的状況と深く関連し不可分であるからです。さら
に重要なことは，情報システムの機能性向上を目指して導入される技術的な機
材や仕組みが，新たな情報メディアとなって，以前とは異なるコミュニケー
ション行為を誘発し，新たな情報システムを形作る契機ともなることです。

　このように「情報システム」は，技術的知見や方法の集大成として構築され
る，情報の保存や検索，伝達などの一連の処理を担う情報処理システムとして

だけでは語り得ない，社会的な現象として立ち現れてくるのです。そして，その様相を援用することで，文明の萌芽から現代へと至る社会の変遷，さらにはその将来像を「情報システム」の観点から捉え議論することもできるのです。

　本書は以下のように構成されています。

　はじめに第1章で，私たちの日常生活の場での認識と実践に基づいて情報システムの実像を探り出します。つづいて第2章と第3章では，そのような認識や実践が形作られた歴史的経緯を紐解き，情報メディアの発展経緯として文明の萌芽から今日のデジタル情報技術へと至る大局を見据えたのち，情報システムを顕在化させたデジタル情報技術の発展経緯を捉えます。次に第4章で，情報概念について概観し，情報と人間行動との深い関係性について考察します。また，情報とは情報システムという現象の中で生ずる認識であることについて言及します。そして第5章では，情報システムの実践と付き合い方として，情報システムとは組織活動を支えるだけでなく，組織活動を育む仕組みであることについての認識を深めます。さらに第6章で，人々への情報技術の普及・浸透がもたらす社会の様相を，情報システムの視座から捉え解き明かします。最後に第7章では，情報システムをメディアとして捉えることを通して，社会的観点からその作動原理をモデル化するとともに，その動作特性について考察します。

　本書で提示する「社会情報システム」の視座が，読者のみなさんに，現代の情報化社会という幻影のからくりを解き明かす視点やヒントをもたらすことができましたら，望外の幸いです。

目　次

コラム目次

第**1**章
人々の日常生活での認識と実践

　現代に生きる私たちは，多種多様な情報に囲まれ，それらを受け取ったり，新たに送り出したりしながら日々の生活を営んでいます。動物である人間は，周囲の環境との関わりの中で生を営んでいますので，食物や天候などの生の営みに関わる何らかの兆候を示す情報を常に環境から見出そうとし，得られた情報を頼りに行動しています。しかも私たち人間は，それらの情報に応じて受動的に行動するだけでなく，情報をさまざまに解釈して予測的に行動したり，他の情報と組み合わせてより複雑な解釈を試みたりもします。社会学者の加藤秀俊は，このような情報との関係性として捉えられる人間行動を「情報行動」と呼んでいます。

　改めて考えてみれば，私たちは社会生活の営みとして環境との情報のやり取りを日常的にしているわけですから，むしろ情報行動こそが私たち人間の中心的な営みともいえましょう。そしてそれは，情報行動に基づいた日常生活のすべての場面がそこで必要な情報をやり取りするための「情報システム」と関係していることをも意味しています。このように，情報システムは日常的風景に溶け込んでいるため，普段ほとんど意識されることはありませんし，意識的に捉えるときも場面や状況に応じて異なる対象範囲が多様なかたちで認識されることになってしまうのです。まずは，私たちの日常生活の場面での情報行動に着目して，情報システムがどのように捉えられ認識されているかを見てみましょう。

1.1　日常的風景としての情報システムの認識

　日々の生活を振り返ってみれば，私たちは出かける前に今日の天気予報という情報を得て，天候に適した服装を考えたり，雨具のような持ち物を準備したりしているのではないでしょうか。初めての場所へ行くときには，地図アプリでその場所に関する情報を得るだけでなく，その場所への経路や交通機関などを検索して移動方法に関する情報を確認したり，その場所への行き方や家を出る時刻などを検討したりもするでしょう。また，世の中の変化や世間の状況を把握するために，テレビやニュースサイトを見たり，新聞や雑誌を読んだり，ラジオを聞いたりして，日々の出来事を知ろうとすることでしょう。そして，仕事上の知人や個人的な友人たちと電子メールやSNS（Social Networking Service），電話やチャット，さらには遠隔会議ツールを使ってリアルタイムに情報を交わすことも，今日では日常的な風景となっています。

　このように，私たちは自身の行動に際して，それに関わる情報を多々必要としていることがわかります。ですから，情報システムをそれらの情報をもたらすメディアや仕組みであると捉えることは自然なことといえましょう。実際，講義の場で「情報システムとは何か？」と問えば，文系理系にかかわらず，多くの学生たちがスマートフォンやPCなどの情報端末機器，そのアプリケーションソフトウェア（アプリ），インターネット，無線LAN，携帯通信，電話などの通信機器や各種サービス，テレビやラジオなどのマスメディア受信器や放送，新聞，雑誌などの出版物，というように生活の営みで必要な情報をもたらす具体的なモノやサービスを挙げています。このような認識は，情報を提供してくれる放送番組や各種サービスおよびコンテンツまでもが，通信技術やコンピュータを中心とする物理的な機械システムの一機能であるとする捉え方によるものです。しかも，多くの国や地域の情報システムの研究者からも「世間一般での認識は同様」との声が聞かれています。情報機器がもたらす情報サービスによって世界中の人々が初めて情報システムを認知するようになったわけですから，このような見方は一般的で自然なことなのでしょう。

　情報システムとして認識される対象としては，物理的に存在するモノやその情報サービスであるとの認識が大勢を占めてはいるものの，テレビやラジオの

放送，本や雑誌のような出版，広告やチラシのような広報などのマスコミ事業
やメディア産業としての社会システムもよく挙げられます。このような認識
は，ある目的に即した情報を得ることができる仕組みや社会制度を捉えたもの
といえます。もちろん，その仕組みには情報技術や機器が多用されているわけ
ですが，それらの個々の技術や機材に注目するのではなく，それらによって社
会的に構築される機能サービスを捉えている点でモノとしての認識とは異なり
ます。そもそもシステムとは，「何かを達成するように一貫性を持って組織さ
れている，相互につながっている一連の構成要素」と米国のシステム科学者で
あるドネラ・H・メドウズ (Donella H. Meadows) は定義しています。その意
味からすれば，このような機能サービスとしての認識は，より本質的な情報シ
ステムの捉え方といえましょう。

　機能サービスとして認識される対象には，マスメディアやメディア産業の範
疇を超えて，必ずしも情報のやり取りを伴うわけではない人々の対話行為を促
す電話や SNS などのコミュニケーション機能もよく挙がります。携帯電話や
スマートフォン (smart phone) の普及に伴い，これらのパーソナルなコミュニ
ケーションメディアを挙げる人の割合も多くなってきています。同様に，テレ
ビ，ラジオ，そしてインターネット上での放送番組や書物も必ずしも情報の獲
得を目的として接するだけでなく，その表現内容であるコンテンツを作品とし
て味わったり楽しんだりする人も多いことでしょう。WWW (World Wide
Web) もネットサーフィンと比喩されるように，Web ページが提供する情報を
獲得することよりも，それらを媒介として次々と Web ページを渡り歩く行為
を楽しんでいる人も数多く見られます。

　このように，情報システムはコミュニケーション機能をもたらしますが，逆
にコミュニケーション行為は必ずしも情報をもたらすわけではありませんし，
情報のやり取りが目的とも限らないことに注意を向けなければなりません。イ
ンターネットを介した対話やデータ交換，WWW 利用などは人々の情報行動
を支えるコミュニケーション機能として不可欠ですが，情報のやり取りはコ
ミュニケーションにおける副次的な効用にすぎないのです。実際，情報のやり
取りを目的としたコミュニケーションは，仕事の場面以外ではあまりに機能的
で形式的な味気ないものに感じられますし，相手にもよそよそしく感じられる

でしょうから，友人や知人と交流を深める対話には不向きです。その意味で，機能サービスとしての認識は，技術や機材を媒介とした人々のコミュニケーションを見据えたものであり，そのコミュニケーション機能を介在した人々の対話行為が情報システムを構築していると見ている点からも，人々の認識に踏み込んだ最も本質的な捉え方といえましょう。

　以上で述べてきたように，情報システムとして挙げられる対象は，大きく次の3つに分類することができます。

①情報をもたらす窓口を持った機材とその背後にある機械的システム。
②放送番組や出版物などを提供するマスメディアとそれを支える業務機能システム。
③パーソナルなコミュニケーション機能とそれを提供する機能システム。

　情報システムに対するこれらの捉え方に共通していることは，情報はそれが提供される窓口を通して外界からもたらされるものであり，それをもたらす窓口の背後に，メディア装置やマスコミ産業のような機能性を支える背後の仕組みとしての情報システムが存在しているという認識です。つまり，私たちは情報システムという機能的な仕組みには関わらない情報の消費者であり，あくまでも第三者的に利用しているにすぎない，という客観的な立場からの捉え方といえましょう。③のパーソナルなコミュニケーション機能は情報のやり取りを超えた，広い意味での社会的メディアとしての情報システムの認識といえますが，あくまでもコミュニケーション機能をもたらすシステムとして客観的に捉えている点で他の2つの認識と同様といえます。

1.2　情報システムを形作る情報メディア

　日々の営みとして行動し続ける私たちにとって，行動の前提である状況把握は時々刻々欠かすことができません。しかも周囲の状況のみならず，体調のような自らの状態さえも各種の測定機器や生体センサーを備えた情報端末を通して数量的，視覚的に捉えています。状況把握は私たちの主体的な行動に必須の情報を得るために自発的になされていますから，情報システムは私たちの要請

に応じて有益な情報をもたらす何らかの窓口とその背後に潜む仕組みとして強く印象づけられるのです。ですが，先の③のようなコミュニケーション機能を中心に据えて，私たちの情報行動を捉え直してみると，情報システムの異なった側面が見えてきます。

　そもそも人間の情報行動には，状況認識のために情報を獲得しようとする行動とともに，人間の内部に意味のかたちで存在している情報を外界に表現しようとする行動があります。その行動の目的は，人間の情報活動を補強することと，人間同士お互いの意思を伝え合うことの2つに大別することができます。前者には認識された情報を外界に記録し長い時間保管しようとする行動が該当しますし，後者には個人の意思や知識をも含めた情報を他の人に伝達しようとする行動が該当します。いずれにしても，私たちは何をどのように外界に表現するのかを知っているからこそ，外界からもたらされる情報を認識できるのです。

　このような外界への情報表現行動は，普段私たちが当たり前に行っていることで，無意識になされているプロセスといえましょう。しかし，そもそも実体がない意味としての情報を外界に提示するには，情報自体をどのように表現すべきかを考えるとともに，実際に表現するために何らかの実体を伴った媒体を用いなければなりません。このように外界に情報を表現するための媒体は一般にメディア (media) と呼ばれています。しかし，文字や音，映像などの表現方法に着目するか，ブルーレイや DVD，メモリカードなどの物理的な媒体に着目するかによって，メディアの意味することや対象の捉え方は大きく異なります。しかも視覚や聴覚とは異なる匂いや味のような化学的メディアや，温度や圧力のような物理的メディアもあり，いうなれば私たちの五感を刺激するものはすべてメディアであるわけです。

　さらにメディアという用語は，マスメディアや電話，放送のような社会性，さらには文書や図像，音などのコンテンツの含意といった論理性を指し示すこともあります。このように場面によって意味や指し示す対象が異なっているため，メディアという言葉が明確な意味を持たずに一人歩きしている状況も致し方ないことと言えましょう。メディア研究の第一人者であるマーシャル・マクルーハン (Marshall McLuhan) は，コミュニケーションの哲学の立場から「メ

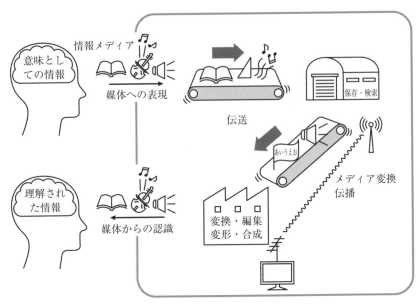

図 1.1　情報メディアと情報システムの関係

ディアとはメッセージである」と述べています。そこで，解釈の混乱を避けるために，以下の説明では，外界に情報を表現する方法とそのための媒体とを総称した概念を「情報メディア」と定義して使用します。

　情報メディアの概念を用いて先に述べた日常的な情報システム認識をモデル化してみると，図 1.1 のように表すことができます。ここで重要なのは，ある情報を情報メディアによって受け取れるということは，その情報メディアを用いて表現した発信者が必ず存在するということです。ですから，前節の①のような認識も，図 1.1 に示すように，その情報メディアを発信した人や組織，あるいは各種センサーやカメラのような機械と情報システムを介したコミュニケーションと捉えることができます。②のような認識は，放送局や出版社といったマスメディア企業を発信者とするコミュニケーションですし，③のような認識は，さらに受信者自身も情報システムへの発信者となってコミュニケーションを遂行していると捉えることができます。このように，私たちは情報の発信者とのコミュニケーションを仲介してくれる機能性を情報システムとして

認識しているのです。つまりそれは，発信者が情報表現した情報メディアを保存したり，編集したり，伝達したりする仲介機能を発揮する仕組みを捉えたものなのです。ここで注目すべきことは，図 1.1 が人々のコミュニケーションをモデル化したものと同じであることです。しかし，後述するように，私たちのコミュニケーションは，行為そのものが楽しみであることも多く，必ずしも情報の授受や獲得を目的としたものではありません。したがって，私たちの情報システム認識は，コミュニケーションの一形態として，状況認識や判断に必要な情報のやり取りを主眼とする特殊なコミュニケーションを捉えたものといえるのです。

1.3 情報システムとしてのコミュニケーション

　私たちが「情報システム」として認識するコミュニケーションは，行為者間での婉曲的な接近や戯れのような冗長的な行為を極力排除し，状況認識や判断に必要な情報のみを効果的にやり取りすることを目的としている点で限定的で

=== **情報メディアと情報システムの関係性** ===

　情報メディアの対象として，テレビやラジオのようなマスメディアや，電話のようなコミュニケーションのための情報伝達手段全体を指し示すことも多々あります。そのため，ここでの定義とは反対に，情報システムは情報メディアの一部，あるいはそれを実現するための機能的な情報処理の仕組みとして捉えられることもよくあります。しかし，そこで対象としている情報システムは，テレビや新聞のようなマスメディアに不可欠な情報伝達機能を実現するための仕事の仕組みを指しているだけといえます。第 2 章で述べるように，企業組織自体も情報システムには相違ないことから同様に見えますが，それはあくまでもメディア企業の使命である情報メディアの伝達という機能を具現化するための仕組みを指しているにすぎません。情報システムという用語が指し示すのは，情報メディアとしての機能性だけでなく，その社会的基盤としての位置づけや，機能の維持・運営に関わる人間組織の仕組みをも含めて対象としていることに注意が必要です。つまり，情報システムは人間が外界に対する情報行動に伴って表現した情報メディアを伝達，蓄積，検索，加工するための仕組みなのです。たとえ情報メディアとしての機能を実現するために複雑で大規模な人間組織としての情報システムを内包していたとしても，人間社会全体から見れば伝達機能や蓄積機能を伴った高機能な道具としての情報メディアと位置づけられるべきなのです。

す。情報システムを介して伝えられる情報メディアの受け手は，自身の行動を
検討し決定するためにそれを受け取ろうとしますし，逆に，情報メディアの送
り手は，受け手に期待する行動をとってもらえるような情報となるメッセージ
を発信しているのです。それは，備忘録やメモのように自身に向けた情報伝達
行為でも同様です。

　このようにコミュニケーションの観点から「情報システム」を捉え直してみ
ると，情報メディアを機械的に取り扱う仕組みとしてだけでは語りきれない側
面が見えてきます。私たちのコミュニケーションは，機械同士のデータ通信と
は異なり，情報メディアの単なる授受で成立しているわけではありません。コ
ミュニケーションのプロセスには，図1.2に示すように，核となる情報メディ
アの授受に先立って送り手が情報メディアに情報内容を表現するプロセスと，
受け手が情報メディアを解釈して内容を汲み取る受け取り後のプロセスとが含
まれます。図1.2に描かれているのは，情報の送り手Aから受け手Bへ情報
メディアが伝達されるプロセスで，まず伝えたい情報は送り手Aの頭の中に
意味として存在しています。それを情報メディアに表現しようとする際には，
送り手Aが持っている固有の価値観や文化的背景などに照らし合わせて，表
現すべき事柄や強調点，表現方法，利用すべき情報メディアなどの表現手段を
考えることでしょう。表現手段は慣例や本人の得手不得手により無意識に選択

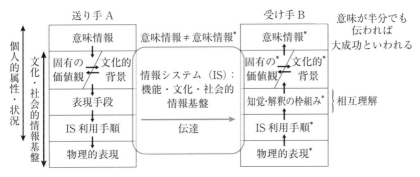

図1.2　情報伝達過程

＊は受け手のプロセス。送り手と受け手の情報は同等にはなりえません。Bが将来のA
自身である場合も同様。

されることもありますが，少なくとも具体的な情報表現の前にはこのようなプロセスを通して目的とする情報伝達に適した表現手段を考えているはずです。

　表現手段が決まれば，発声や身振り手振り，紙に鉛筆で文字を書くというような具体的な方法によって情報メディアに情報を表現することになります。その際にも，私たちは好き勝手に情報を表現するのではなく，無意識にもしくは経験的に，その情報メディアが形作る情報システムに期待されている機能的役割を果たせるような利用手順（プロトコル：protocol）に従っています。例えば，個人的なメモ書きでも講義のノートや約束事などは，ノートや手帳といったその用途に適した記録用紙を用いて，しかも特定のページや場所に記すのではないでしょうか。ましてや，他人に宛てた手紙のときは，字のきれいさや大きさ，用紙の選択などの見かけだけでなく，文章の書き方や言葉遣い，そして文章の形式などの表現内容にも注意を払うことでしょう。これらの煩わしさから解放されたくて，SNSや電子メールなどが普及したと捉えることができますが，それらにおいてさえ人間関係による表現方法の違いが見られます。このように私たちは，情報システムとして認識される情報伝達機能を果たせるようコミュニケーションのプロセスを踏まえつつ情報メディアを利用しているわけなのです。

　しかしここで注意すべきことは，送り手Aが送り出した情報メディアが受け手Bに伝達されただけではコミュニケーションは成立しないことです。Aが行ったのとは逆のプロセスで，Bがその情報メディアから意味情報を汲み取ることによって初めてコミュニケーションが成立するのです。その際，伝達された情報メディアがBに認知されることがまず重要です。受信者に情報メディアが認知されなければ，そこに表現された内容を認識し解釈しようとするプロセスが発動されません。次に重要なのが，Bが情報システムの利用手順をAと共有していることで，そうでなければ，受け取った手紙やメールの本文を識別するように，伝達された内容そのものを識別できません。そればかりか，伝達内容が知覚されても送り手の意図を受け手が解釈しようとするとは限りません。M・マクルーハンも指摘しているように，例えば公式の通知か単なるお知らせかというように，情報メディア自体が持つ社会的な意味や位置づけにより，表現内容の意味を解釈する枠組みが変わってしまうことがあるからです。

しかも極めつけに，意味解釈のプロセスが発動されたとしても，伝達された内容はBに固有の価値観や文化的背景に従って意味づけられて，伝達情報として認識されることになります。

　このように，この一連のプロセスは個人的な属性や状況のような個別的な側面ばかりでなく，その個人が育まれたあるいは現在置かれている文化的状況や，利用可能な情報基盤やそれらの社会的な位置づけなどの，社会環境的な側面にも強く影響されていることがわかります。図1.2では送り手Aとの違いを示すために受け手Bの各プロセスに「*」を付けて示しています。この図からもわかるように，属人的な価値観や文化的背景を持ち込む隙がないほどに，意味解釈の枠組みを限定して同じ状況下で情報メディアを手渡したとしても，受け手に認識される情報が送り手のものと完全に同等にはなりえないのです。

　しかもAが情報メディアを送り出すときの状況は，Bが受け取るときの状況とは完全に同じではありませんし，時々刻々変化さえしています。情報メディア自体が，汚れたり壊れたり改ざんされたりせずに，送り出したときと同じ状態で伝達されたとしても，情報メディアを解釈し意味づけるプロセスは，周囲の物音や明るさなどの物理的状況と相まった受け手の心理的状況に強く影響を受けてしまいます。また，送り手と受け手とでは，価値観や文化的背景だけでなく，分析や認識の方法，情報メディアの利用手順さえも同一ではありません。特に，表現手段や表現方法が含意する社会的および文化的な意味は，音楽や言葉などで顕著に見られるように時代や年齢層によって異なりますし，育った環境条件や現在置かれている社会的状況，意識の差などによっても変わります。それは情報メディアやその利用手順についても同様で，世代間でよく利用されている情報メディアやその使われ方は異なりますし，逆に情報メディアを介して形成されるコミュニティの様相もそれぞれ異なっています。

　自分が表現した情報メディアを自身で受け取る場合でも，双方に時間的な差異があるだけでなく，それがやり取りされる状況も異なっていることから事態は同様といえます。そのため，自分で書いた文章をあとで読み返したときに新鮮な驚きや気づきを得ることがあったり，漠然としたアイデアが情報メディアへの表現を通して整理されたりまとめられたりもするのです。地理学および文化人類学者の川喜田二郎は，この人間の情報行動の特性に着目して，これを活

用した情報整理法や発想法とも呼ばれる KJ 法を考案しています。

1.4　社会に息づき社会を形作る情報システム

　本章のはじめで述べたように，私たち個々人の視点からの情報システムは，自らの状況を把握し行動するために必要な情報を提供したり，意思決定に役立つ情報処理を支援したり，他者と情報交換したりする窓口を持った機能システムに見えます。それは，私たちがこのような機能を提供する情報システムの利用者であり，第三者的な立場で接しているという見方です。しかしこれまで述べてきたように，情報システムは通信機器やリモコンのように送り手から受け手へ情報メディアを送り届ける単なる機能的な仕組みとしてだけでは捉えきれません。しかも，スマートフォンやテレビ，新聞，特定の立場の人などの決まった窓口を通したやり取りとも限らないのです。

　情報システムとして認識されるのは，図 1.1 に示したように，情報メディアを介した他者とのコミュニケーションであり，なかでも情報の効果的なやり取りを目的とした限定的なコミュニケーションです。そのことは逆に，目的とする情報メディアが送り手と受け手とで効果的にやり取りできるのであれば，直接対話やメモ書きのように機械的な仕組みを介せずとも情報システムは成立していることをも意味しています。このように，情報システムは人々の営みにおけるコミュニケーションで自然に形成され，特に意識されることなく日常的なやり取りとして対処されてきたわけです。それゆえに，人々は言葉の定義から情報システムを認識するのではなく，各自が経験的にそれぞれ認識対象をイメージできるのでしょうし，むしろその付き合い方によって多様に捉えられているのだともいえましょう。

　情報システムを機能させているコミュニケーションは，図 1.2 に示したように，情報の送り手と受け手とが共通の言語や価値認識などの社会的な取り決めや制度に基づいて情報メディアへの表現プロセスとその認識プロセスとがなされることを前提としています。つまり，情報をやり取りする者同士がコミュニケーションに関わる共通の文化的・社会的基盤を持っていなければならないのです。後述するように，人間は古くから情報メディアに関する数多くの技術や

技法を開発し，またその機能性を発現させるための仕組み（システム）を作っ
てきました。のろしや記号的な図形のような原始的な情報メディアでさえ多様
な意味づけや解釈が可能ですから，少なくともその送り手と受け手が暮らす村
落のような社会での認識が共有されていなければ情報メディアとして機能でき
なかったはずです。多種多様な情報メディアが利用できる現代でもその前提は
変わらず，逆に前提となる共通知識も多様化して増えています。例えば，SNS
や電子メールのような情報伝達の仕組みでは，情報の表現方法ばかりか機械や
アプリの操作までを含めた利用方法や手順などを知らなければなりませんし，
送り手と受け手の双方がそれを利用できる状況下にあることも前提条件となっ
ています。

　また，情報メディアの多様化はさまざまな情報システムを生み出し，それを
利用する人々の間に独特の利用規範や文化をも形成しています。人々の関係性
は，属する組織やグループの違いとも相まって，図1.3に示すように複雑に入
り乱れており，そこでの情報メディアの流れや処理も非常に複雑になっていま
す。しかも，社会や企業のような人間組織のみならず特定の個人が核となって
機能させている情報システムや，別の情報システムと相互連携しながら機能す

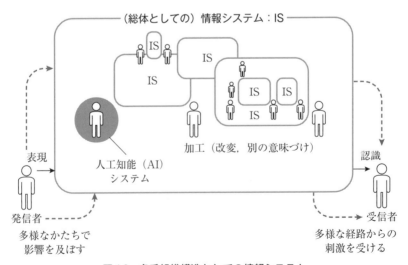

図1.3　多重組織構造としての情報システム

る情報システム，さらにそれらを発展させ知的な受け応えができる人工知能
(AI：Artificial Intelligence) システムさえあります。そのため，情報システム
をまたぐ情報メディアは，要約されたり，取捨選択されたり，関連づけられた
りして途中で何度も表現し直されたり，別の情報メディアに変換されたり，さ
らには情報メディアが持つ特性や介在する他者の意図により全く別の情報に改
変されたりすることさえもあるのです。行政や企業の業務のように特定の目的
を持った組織行動を遂行するための情報システムではこのような状況を問題視
して，統制し管理しようとしてしまいます。しかし，広く人々の活動全般を支
える社会基盤としての情報システムには，むしろこのような状況を鑑みて，
人々が多彩な目的を達成するためにその機能性を多様な方法で活用できる柔軟
な環境の提供こそが求められているわけです。

　このように情報システムの成立には，情報メディアの用い方や表現方法，利
用手順などの文化的な共通認識をも含んだ社会的基盤が不可欠であることがわ
かります。個人の状況認識のための情報システムの利用行為でさえ，情報メ
ディアの認知や理解の前提知識はその社会環境で形成されるわけですから，社
会の状況と深く関係しています。しかも，私たちが行動することは，自身の状
態とともに自身を取り巻く環境の状況をも変化させることから，意識的に情報
メディアを発せずとも，周知されることになります。それは，私たちが情報メ
ディアを受け取って消費するだけの単なる情報システム利用者ではなく，私た
ちの情報行動が基礎となって情報システムが形作られていることを意味してい
ます。つまり，私たちは自らの行動欲求に応える情報にまつわるコミュニケー
ションに参画することで，その情報システムを形作る役割を担うと同時に社会
環境へも影響を及ぼしているのです。このように視野を広げてみると，私たち
が情報システムとして捉えている情報を得るための窓口やその背後の機能性
は，私たち自身の行動をも含めた情報システムを構成する要素にすぎないこと
が明らかになります。それとともに，このように社会環境の中で形成され息づ
いている情報システムは，利用者に客観的視点で情報をサービスするというミ
クロな視点からだけでなく，人々の情報行動をも含む社会環境全般を視野に入
れたマクロな視点から捉える必要があることがわかるのです。

　今日の情報システムは，コンピュータシステムや通信システムとして認識・

理解されていることが多く，その利用範囲も多くの場合，企業情報処理システムの範疇にとどまっています。しかしここで見てきたように，情報システムは人間のコミュニケーション活動の仕組み全般を指していると考えるべきなのです。

演習問題 ══════════════════════════════════

課題：みなさんが情報システムとして認識している具体的対象を挙げて，どんな情報メディアをどのように取り扱っているのかを整理してみましょう。また，その情報システムにあなたが期待する機能的な役割を，事例を挙げて簡単に説明してみましょう。

═══

参考文献

長谷正人・奥村隆 編著 (2009)『コミュニケーションの社会学』，有斐閣アルマ，有斐閣.

加瀬滋男 (1988)『産業と情報　改訂版』，放送大学教育振興会.

加藤秀俊 (1963)『整理学』，中公新書，中央公論社.

加藤秀俊 (1972)『情報行動』，中公新書，中央公論社.

川喜田二郎 (1967)『発想法』，中公新書，中央公論社.

松岡正剛 監修 (1996)『増補　情報の歴史』，NTT 出版.

McLuhan, Marshall (1964) *Understanding Media:* The Extensions of Man, McGraw-Hill（栗原裕・河本仲聖 訳 (1987)『メディア論』，みすず書房）.

Meadows, Donella H. (2008) *Thinking in Systems: A Primer,* Diana Wright Ed., Chelsea Green Pub Co.（枝廣淳子 訳 (2015)『世界はシステムで動く：いま起きていることの本質をつかむ考え方』，英治出版）.

Rogers, Everett M. (1986) *Communication Technology: The New Media in Society,* Methuen（安田寿明 訳 (1992)『コミュニケーションの科学：マルチメディア社会の基礎理論』，共立出版）.

佐藤健二・吉見俊哉 編著 (2007)『文化の社会学』，有斐閣アルマ，有斐閣.

吉見俊哉 (2012)『メディア文化論　改訂版』，有斐閣アルマ，有斐閣.

吉見俊哉・水越伸 (1997)『メディア論』，放送大学教育振興会.

第2章
文明としての発展経緯

　動物である人間にとって，情報とは，生存するための行動に必要な，外界や自分の状況を知る手掛かりといえます。そして，人間は認識した情報を言語化することで他者と共有したり，長く記憶にとどめて再利用したりしてきました。時々刻々変化する状況を認識するための情報を伝え記憶する人間の営みは，文明の萌芽を促し社会の発展に貢献したのです。ですが，人間自身が情報メディアの役割を担い情報システムとして機能していた時代は，道具の使用もあくまでも身体機能の拡張にとどまっていましたので，文明の発展は長きにわたり緩やかなものでした。その文明史を大きく変貌させた出来事が，絵や記号による文字の登場とそれを表記するための技法の開発でした。言語を文字化して媒体となる物質に刻みつけることにより，文明の礎となる知の伝達量や範囲を飛躍的に拡大できたのです。それにより文明が大きく発展しただけでなく，文明社会における情報メディアの重要性が認知されるようになり，人間の身体性から独立した情報メディアが成立することになるのです。

　しかしその情報メディアの成立には，情報を表現する媒体や媒体上への表現方法が社会に普及するとともに，その媒体の保存・管理と，搬送・伝播のための仕組みやそれを実践する人間組織といった実務システムの構築が不可欠です。この実務システムこそが私たちの情報システム認識の礎をなすもので，人間組織の仕組みや技術の進展とともに情報行動を常とする人間社会の基盤として文明とともに発展してきたわけなのです。

　本章では文明社会の基盤である情報システムの発展経緯を，知の記録や伝達を担う媒体である情報メディアの発展段階に着目して整理・分類するとともに，情報メディアが氾濫し，高度な情報システムに囲まれた現代の高度情報社

会へと至った社会的な文脈について，歴史的変遷を通して概観します。

2.1 情報メディアの発展段階

　太古の昔より人間は，出来事を記憶したり，他者に伝えたりというように，自身が情報を媒介するメディアの役割を担い，種々の目的に応じて必要な情報を思い出したり，やり取りしたり，整理・加工したりする情報システムとしての機能も果たしていました。やがて言語が生まれ，情報行動に不可欠な状況の認識のみならず，経験から得られた知恵や知見を語り継ぐことで文明が萌芽します。そして文明社会の営みの中で情報の重要性を認知した人間は，情報メディアの機能性を高める方法や取り組みを開発し利用してきたのです。情報メディアの発展は，人間に身体的に備わっている記憶能力と他者への伝達能力の限界や制約を緩和しようとする取り組みの成果といえましょう。その限界や制約としては，伝達可能な期間や範囲に関係する保存性や伝送性などの物理的機能性ばかりでなく，表現の正確性や妥当性などの表現方法をも含め多岐にわたります。このような制限を克服するため，のろしやたいまつ，壁画，彫刻，図形などの多様な表現手段とそれを可能にする道具を見出してきたわけですが，やがて文字とそれを刻みつける媒体が見出され，それらが社会に広く浸透したことにより，人間の身体性から独立した情報メディアが成立することとなるのです。したがって，情報メディアの登場とその発展は人間の文明史においてごく最近の短い期間の出来事にすぎません。それにもかかわらず情報メディアは，記された表現内容を長期間保持したい，また遠方まで伝達したいという人々の欲求に応えるように，機能的な制約条件をより緩められるような媒体や表現技法として短い期間に大きく変貌し発展してきたわけなのです。

　情報メディアの機能性の進展は，保存性能，伝送性能，表現方法の3つの側面から捉えることができます。まず，保存性能は記録や保存といった情報の時間的伝達機能であり，より長期にわたり，より忠実に，よりコンパクトに，より簡便に，より多種多様な情報を保存できるよう進展しています。それと同時に保存された大量の情報をより素早く，簡単に検索する方法も開発されてきたのです。次に，伝送性能は情報の伝播や周知といった情報の空間的伝達性能で

あり，より遠くまで，より早く，より確実に，より多くの情報を伝達できるよう進展しています。しかも，作業中や移動中，その他種々の障害がある状況下の相手とも相互に伝達し合える方法も開発されてきています。そして表現方法は，情報メディアの利用範囲の拡大に関わる機能性をもち，より多くの人が理解でき，より具体的に，より多様な意味内容を，より直感的に表現ができるよう進展しています。利用範囲の拡大は，同時に，利用者や利用場面の多様化をも意味しますので，表現方法とともにその利用方法も多様化する方向で進展しています。つまり表現方法は，人々のリテラシーや知的素養，社会規範や常識などの文化と深く関係し，その下で機能性を発揮しているだけでなく，芸術分野のように創造的表現により人々の視野を広げ文化を発展させることに寄与してもいるのです。

　これら3つの側面は独立したものではなく，むしろ相互に深く関与し合っています。例えばメモや日記のように個人的な記録を目的とした情報メディアでも，それを他の人が見たり，入手したりすれば情報内容が伝達されてしまいます。同様に，講演や演奏の記録としての録音やビデオは，その記録内容を再生する視聴者へ伝える機能を果たします。反対に，手紙のような伝送目的の情報メディアでも，保存され整理されていれば交信記録としての意味を持つことになります。このように保存性能と伝送性能とが明確に区別できないのは，情報メディアの機能性がそもそも時空間における伝達性能だからです。つまり，保存性能と伝送性能は伝達の時間的性能と空間的性能のどちらを主として捉えているかの違いだけといえるのです。表現方法も，一見，これら伝達性能の向上に追従するかたちでその多様性を広げつつ進展してきたように見えます。しかし見方を変えれば，多くの人々に受容され理解される表現を可能とする道具や媒体の開発が伝達性能を向上してきたともいえるわけで，伝達性能に深く関与していることがわかります。

　そこで，情報メディアの歴史的変遷を整理してみると，図 2.1 に示したように，人々の情報行動の能力的拡大のために新たに開発され進展してきたように見える機能性は，むしろ情報メディア自体の発展に伴って段階的に進化してきていることがわかります。つまり情報メディアの発展経緯は，それ自体の社会的な位置づけや人間との関係性の変化にこそあり，その発展段階を経る過程で

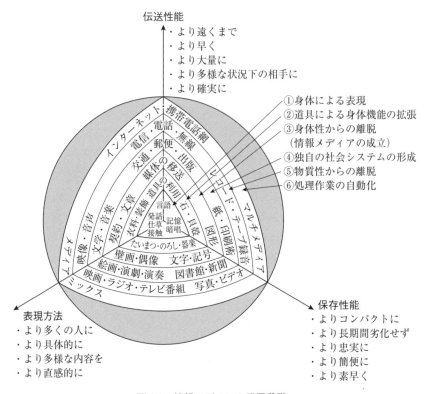

図 2.1　情報メディアの発展段階

付随的に機能性が向上してきたとさえいえるのです。しかも，情報メディアの機能性は社会的に形作られ，それに携わる人間の情報行動を通して初めて発揮されることになります。そのため，情報メディアの機能性は文明の発展と歩調を合わせるように，媒体や表現技法を開発しつつ以下のような段階を経て発展してきたと捉えることができます（図 2.1 参照）。

①身体による表現（人間自身がメディア）
②道具による身体機能の拡張
③身体性からの分離（情報メディアの成立）
④独自の社会システムの形成（情報メディアの複製・管理・搬送）

⑤物質性からの離脱（情報メディアの電気信号化）

⑥処理作業の自動化（情報メディアの自立）

　情報表現は，発声や身振り手振り，接触などの人間の身体機能による動物的行為から始まり，やがて言語が生まれました（①）。次第に言語が社会的に受容されて利用範囲が広がるとともに，伝達性能を向上するためにホラガイや拍子木，火，のろしなどの聴覚や視覚に訴える道具も広く用いられるようになりました（②）。それは道具を用いた身体機能の拡張であり，その道具がもたらす情報の意味や解釈に関する合意のような情報システムの萌芽も見られています。しかし，それらの道具や言語は人間の身体機能を拡張するもので表現内容も身体的表現に即したものですから，人間自身が情報メディアであることに変わりなく，人から独立した存在として認識される以前の段階といえます。

　次第に，集落社会での共通認識として定式化された絵や図形，記号などで情報表現されるようになり，文様化された絵文字や象形文字へとまとまっていきます。やがてそれらは言語と結びつき，壁面や石などに刻みつけることで情報を一定期間保持し伝達できるようにもなりました（③）。さらに，木片や粘土板，パピルス，紙などの媒体を生み出し，より書きやすい形状へと変化した文字を用いることで，望む場所で情報表現でき，持ち運んで他者に伝え，保管場所で管理できるようにもなりました。このように外界の媒体に刻みつけられた情報は，それを表現した人々の身体性から離脱し，独立した存在として接する人々に伝達され続けるため，情報メディアとしての認識が芽生え始めたことでしょう。この段階に至り，表現者の身体性から離脱した「モノ」としての原始的な情報メディアが確立されました。それはまさに文明のさらなる進展を促すものでもあり，その後の情報メディアは文明とともに発展していくこととなるのです。

　このようにして情報メディアが成立し，人々に情報を語り伝える「モノ」として認識されるようになると，それを保存・管理したり，他者に情報を伝える目的で伝送したりする社会的な取り組みがなされ，情報メディアをめぐる社会システムとして定式化されていきます（④）。それとともに，人々に語り伝える情報メディアの特性を活かした表現や作品制作などにより，文学や絵画，楽

譜などの文化を育み発展させるような表現方法も考え出されるようになります。そしてそれが広く社会に浸透していくにつれ，人々の情報メディアに対する欲求も高まっていきます。そのような社会的背景に従い，郵便制度や印刷出版業のような社会制度やビジネスとしての情報メディアをめぐる独自の社会システムが創設され，次第に人々の生活基盤として社会に定着していくことになるのです。

　産業革命期の人間は，情報メディアに一大転機をもたらす画期的な技術である，電気技術を手に入れます。その応用として最初に手掛けられた電気通信を実現するためにモールス符号のような電気信号による情報の表現方法が考案され，社会システムとして定式化されていきます（⑤）。電気信号による情報表現は，当初は文字のみに限られていたとはいえ，その伝送速度は1秒間に地球を約7周半できる光の速さであることから，物質としてのこれまでの媒体とは比較にならず，地球上のあらゆる場所と瞬時に情報交換できるようになりました。まさに情報メディアの物質性からの離脱がなされたわけなのです。その後，音声による電話，無線通信技術による交信範囲の拡大，画像や映像の送受信と情報の表現方法が多様化し，M・マクルーハンが『メディア論』で議論しているように，広く社会一般で情報メディアが認識され，その重要性が認知されるようになっていきます。

　さらに社会の近代産業化の下で，電気技術は電子の振る舞いを活用する電子技術へと発展を遂げ，その技術に基づいた電子計算機（コンピュータ）の開発へと至ります。当初，高速な計算機械として使用されていたコンピュータは，社会的な利活用が進む中で，次第に計算だけでなく数値（デジタル）表現されたデータの比較や検索，並べ替え，加工などの演算処理での利用比率が高まっていきます。特に，文字をはじめ，音声や画像をも数値として表現する方法が考案され定式化されたことから，それまで別々の媒体を用いていた情報メディアがデジタルデータとして統一的に表現できるようになりました（⑥）。このマルチメディアと呼ばれる媒体の統一化は，コンピュータネットワークの普及と相まって，多様な表現方法による情報メディアを意識することなくネットワーク上の他のコンピュータやその利用者たちに送り届けることを可能にしました。それだけでなく，コンピュータプログラムにより，人手を介することな

く，対話的にデータを検索したり，演算処理したりできますし，状況に応じた自動処理さえできるようになったのです。そして現代では，携帯端末を通して人々がやり取りする大量かつ多種多様な情報メディアを蓄えたデータベースを糧として，人間の知的作業を代行したり，創作活動さえも模倣したりする人間的な語り伝えが可能なプログラムさえ登場しています。

2.2 情報メディアの成立過程

　今日の私たちが用いているような情報メディアを成立させた根源的な要因は，私たちが生きていくための本能的特質である情報行動をしていることにあります。しかし，情報表現する人の身体性から独立して存在する情報メディアが成立するまでには長い年月がかかりました。100万年ほど前に萌芽が見られた言語の発生に伴って発展してきた人間の文明史[1]から見ても，象形文字群がまとまりだした6,000年前ごろに至ってようやく身体性から分離し，情報メディアとして成立の兆しが見え始めたにすぎません。しかも，このような外在の情報メディアが単独で情報を語り伝え，人々がそれを受容し，さらに欲求する今日のような認識が一般的になったのはたかだか1,000年前ほどのことなのです。文明史から見れば，人間の身体性から離れた情報メディアが成立したのはごく最近のことであり，メディアが語り伝える情報に依拠した私たちの営みの歴史は浅く，始まったばかりのことと言えるのです。そして，情報メディアの成立過程を振り返ってみれば，その成立には情報表現のための道具や技法など以上に，情報メディアの受容や認識といった社会環境の構築こそが重要であったことがわかります。

　そもそも人間の感覚器が知覚する刺激のすべては情報であるといえますし，人間の活動も何らかのかたちで情報行動との関連性を見出すことができます。生存に関わる動物的本能としての情報行動の範囲や能力を拡大させる方法を見

---

1)　スタンリー・キューブリック（Stanley Kubrick）監督による映画『2001年宇宙の旅』（原題：A Space Odyssey）では，道具の使用から文明が生まれて発展したと描かれていますが，言語の発生が先んじており，それが文明の萌芽を促したと今日ではされています。[松岡 1996]

出した人々が生き長らえ，より効果的な方法が強く求められてきたことの成果と捉えることもできましょう。そのような試みとして，人間はまず自身の情報メディアとしての機能性を高めようとしたはずです。特に，社会生活を営む人間にとって，集団としての情報行動の範囲や能力を高めることが自身の能力を飛躍的に高めることにもなることから，次第に他者に伝わり理解できる表現方法の確立に取り組まれるようになりました。声や接触など人間固有の表現機能を額面通りに用いた表現が定式化される過程で，表現上の約束事を含む発話方法が形作られて言語が誕生し，表情や身振り手振りなどの仕草などを含めて人々が相互に受容し合うことで，社会集団が形成されるようになったのです。

　言語の誕生により，人間は文明を興し発展させていくわけですが，長い文明史のほとんどは口頭での言葉や仕草による受け答えが中心で，人間が情報メディアそのものでした。記憶するにも広く伝えるにも人間の身体能力には限界がありますので，それを克服するために，例えばのろしやたいまつ，木管などのような，数多くの道具が見出され用いられましたが，それらはあくまで表現者に付随して人間の身体能力を拡大するためのもので，人間が情報メディアであることに変わりありませんでした。文明が発展して多くの人々と社会を形成していく過程で，次第に取引や契約のような約束事も増え，それらを正確に記録し他者と相互に確認できることが求められるようになります。当初は，石や貝殻を積んだり並べたり，何らかの印を壁面や地面に刻みつけることで対処したことでしょう。しかし，表現方法が形作られていない社会では情報表現者なしにはそれらの意図や意味は伝わりません。しかも人間は記憶自体があいまいですから，せっかく記録してもその表現方法を思い出せなければ記録した本人でさえ正しく解釈することができません。ましてや他の人に情報を伝達するには，表現方法に関してお互いの共通認識がなければなりません。そのため，多種多様に生み出されてきた表現方法のうちで人々の共通の認識が得られた方法がそのコミュニティで多用されて生き残り，文明社会を支える社会的取り決めとして，次第にコミュニティ内外の多くの人々の間での共通認識が進み，その社会で通用する印や記号が定着してきたのです。

　やがて，その刻印に使用された印や記号はより汎用的に使用できる文字へと進化を遂げます。そして，文字が言語と結び付くことで，取引や約束事の備忘

録を超えて日々の出来事を文書化して記録したり，書状として他者に伝達したり，創作された物語のような文学作品として表現したりできるようになり，その表現内容を大きく拡大していきます。声を媒体とする言語を文字として印された媒体は，表現者の手を離れて情報の語り伝えが可能なわけで，ようやく人間の身体性から独立した情報メディアが成立することとなるのです。このような情報メディアを必要とし成立させたのは，社会を統率し司る王や皇帝などの支配者たちであり，祭儀から政治的決定事項や約束事まで執政者の意思を伝達し記録を残すために利用されていました。これらの記録には，経験からの知見や問題への対処方法，開発した技法や道具などの知識が含まれていることから，社会を統治する力の源泉となり，文明を後世につなぎ発展させる礎ともなるからです。先達から受け継いだ知識のみならず，自身の経験や知見を集積することが支配力の強化につながることに気づいた支配者たちは，世の中の出来事やその顛末を情報メディアに記録し，自身および継承者の知として保存し管理するために書記や司書を育て登用し，専属の組織を設けてきたのです。情報メディアに記録し，それらを保存し管理するとともに必要なものを選び出して語り継いでいく，このような人間組織が情報システムの始祖なのです。

=== **統治力の源泉としての文字** ===

　先達から受け継いだ知識や経験知を文字で表現した情報メディアを残し集積することが支配力の強化につながることに気づいた支配者たちは，文字の読み書き能力を身につけた者を登用し，また能力の育成に努めました。しかし，当時の人々にとってその能力の習得は容易なことではなく，修練も過酷だったため，その能力は支配者とともに記録保管を担うごく限られた者のみに限られていました。そのため，支配者間の覇権争いに敗れて統治力の源泉である記録メディアが破壊処分され，支配者の周囲の者が粛正されてしまうと，その社会での文字も失われてしまうこととなり，現在でも未解明の古代文字が多数存在しています。

　ところで，現代のアプリケーションソフトウェアとデータをめぐる問題にもこれと同様な事態が見られます。市場競争や覇権闘争に敗れ淘汰されたアプリケーションソフトウェアをそのまま利用し続けるのは容易ではありませんし，そのソフトウェアで作成したデータは正しく読み込めないばかりか，読み出しさえできないことも多々あります。同様の問題は，ソフトウェアのバージョンアップに際してもしばしば発生しています。

　さらに情報メディアは，支配される人々や地域を広げて国力を増大することで権力基盤を固めて執政者の権威権力を高めることにも寄与します。ただそのためには，情報メディアの伝達性能を向上させて支配層の意思統一を図ることと同時に，社会全体へ執政者の権威や権力を知らしめることが不可欠となります。そこで，情報メディアを支配層や支配地域に広く伝達するための言語や文字体系の統一が図られて，表現方法としても共通理解の範囲が広がり，支配者の統治力とともに情報メディアもその有用性を高めてきたのです。このように，情報メディアは社会の形成とそれを基礎とする文明とに深く関係しながら相互に発展してきました。

　しかし情報メディアが成立しても，社会一般に広く浸透し単独で情報を語り伝える媒体として認知されるようになるには長く時間がかかりました。文字を広く一般庶民に教える仕組みが確立されていなかった時代には，非識字率が高く，文字による表現は教養の差であるばかりか人間の階級を位置づける重要な素養でした。しかも文字を記した書物の複製は写本が中心で，パピルスや羊皮紙などの媒体も高価なものでしたから，多数の書物に接することができるのは社会階級が高い特別な地位の人間だけでした。つまり，言葉は話せても読み書きできる人はごく少数でしたし，同時にその技能を学び身につけるのも困難なことだったのです。そのため当時の文字は，それを使える一部の教養のある支配層と，それを使えない大多数の被支配層を明確に分けるメディアとなっていただけでなく，多くの人々の書物に対する意識の変容や社会的認識の向上をも妨げていたのです。

　そもそも言語の語り伝えで形成された文明社会では，人間そのものが情報メディアであっただけでなく，言葉は世の中の事象と表裏一体となった心霊的現象と捉えられていました。ですから，当時の一般の人々には人間以外の無機質な媒体が情報を語り伝えることなど想像さえできないことで，口をついて出た言葉は事実であり，現実に起こる行為や出来事の表現であると信じられていました。古語辞典によれば，日本語の「言」と「事」が観念的に分化したのは奈良時代以降とされており，今日のように言葉が舌先三寸で語ることのように軽く捉えられるようになったのは平安時代以降，と説明されています。同様に西洋社会でも，黎明期の書物は声を出して読んでいたようで，知識や情報も口承

伝承が中心で，書物はその内容のバックアップのような補助的役割を担うものであったといわれています。プラトンによる『パイドロス』には，新たな技術として文字が誕生した当時の人々の意識や受け止め方についての興味深い対話があり，そのような状況を裏付けています。

10～12世紀ころになって，単語ごとに区切ったり，句読点を入れたりする文章の表記が定まってくると，基本的な読み方を習得するだけで多くの書物が読めるようになっただけでなく，声を出さずに黙読することも広がっていきます。修学の場である修道院でも教えは師が語り伝えるものとされ，書物を通し

「言葉」について：『岩波古語辞典』より

「古語辞典」によれば，古代社会では，人が口に出す「ことば（言葉）」は，現実の出来事と不可分であると信じられ，口に出したコト（言）と現実的事象であるコト（事実や出来事）の観念は，奈良時代頃までは未分化であったと説明されています。そして言と事の分化が，今日の私たちが認識するような，話者の自由意志による口頭での発語としての「ことば」の用法につながったことが，以下のように説明されています。

> 語源はコト（言）ハ（端）。コト（言）のすべてではなく，ほんの端にすぎないもの。つまり口先だけの表現の意が古い用法。ところがコト（言・事）という語が単独では「事」を意味するように片寄って行くにつれ，コトに代ってコトバが口頭語の意を現わすに至り，平安時代以後，「詞」「辞」「句」などの漢字の訓にもあてられて，一般化した。その意味は，歌のような詠誦をしない普通の口頭語，口語，口上，発音，口をきくことなどと展開し，「心」の表現形式としての言葉の意味にも使われ，語句，文言の意を表わすようになった。(中略) コトハの類例には，顔色のほんの片はしの意の「色は」という語が万葉集にある。平安時代の和歌の中にはコトノハという語が使われ，コトバは鎌倉時代以後に至るまで和歌の中に取り入れられなかった。また，源氏物語ではコトノハが一般に上品な言語表現や歌を指すのに対し，コトバは呪言や，わるい発音，下品な物言いなどまで広くいう。これはコトバの初めの意味のニュアンスが，その頃まで意識されることがあったからであろう。ただし，この区別も，後世では次第に不明になっていたようである。
>
> ([大野 他 1974] より引用)

現代においてなお，言葉が人を傷つけ，貶め，絶望させるのは，この呪詛としての「コトバ」が息づいている証であり，軽々しく言葉を発することを慎むべきことを示唆しているのではないでしょうか。

て学ぶようになったのもこのころといわれています。日本でもちょうどこのころに仮名文字が発生して文字を読み書きする技能の敷居が低くなっただけでなく，仮名文学の創作とも相まって貴族社会を中心に書物の利用範囲が拡大していきます。このような表現方法の変化は，読み書き能力の普及に伴って拡大してきた書物を求める人々の欲求に対する社会的対応ともいえ，それがまた情報メディアとしての書物の受容だけでなく，さらに書物の需要を高めていくこと

文字という新技術についての語り：『パイドロス』より

　プラトンが著した『パイドロス』では，文字という新たに生み出された情報メディアに対する得失を，算術，計算，幾何学，天文学，将棋，双六などを発明したエジプトの神テウトと，エジプト全体に君臨していた王様の神タモスとの対話として，以下のように述べています。この語りの対象を「文字」から「インターネット」や「スマートフォン」に変えてみればまさに現代社会の様相といえないでしょうか。

　　(前略) 話が文字のことに及んだとき，テウトはこう言った。
　　「王様，この文字というものを学べば，エジプト人たちの知恵はたかまり，もの覚えはよくなるでしょう。私の発見したのは，記憶と知恵の秘訣なのですから。」──しかし，タモスは答えていった。
　　「たぐいなき技術の主テウトよ，技術上の事柄を生み出す力をもった人と，生み出された技術がそれを使う人々にどのような害をあたえ，どのような益をもたらすかを判別する力をもった人とは，別の者なのだ。いまもあなたは，文字の生みの親として，愛情にほだされ，文字が実際にもっている効能とは正反対のことを言われた。なぜなら，人々がこの文字というものを学ぶと，記憶力の訓練がなおざりにされるため，その人たちの魂の中には，忘れっぽい性質が植えつけられることだろうから。それはほかでもない，彼らは，書いたものを信頼して，ものを思い出すのに，自分以外のものに彫りつけられたしるしによって外から思い出すようになり，自分で自分の力によって内から思い出すことをしないようになるからである。じじつ，あなたが発明したのは，記憶の秘訣ではなくて，想起の秘訣なのだ。また他方，あなたがこれを学ぶ人たちに与える知恵というのは，知恵の外見であって，真実の知恵ではない。すなわち，彼らはあなたのおかげで，親しく教えを受けなくてももの知りになるため，多くの場合ほんとうは何も知らないでいながら，見かけだけはひじょうな博識家であると思われるようになるだろうし，また知者となる代りに知者であるといううぬぼれだけが発達するため，つき合いにくい人間となるだろう。」

　　　　　　　　　　　　　　　　　　　　　　　（[プラトン 1967] より引用）

となります。中世の西洋社会では高まる書物の需要に応えるべく，写本業が興隆していましたし，やがてそれが印刷術（出版業）を成立させることになるわけです。印刷術は，端的に言えば，手作業で行っていた情報メディアの複製作業を機械化し大量に複製するビジネスの仕組みです。それにより，複製された書物という情報メディアを多くの人に届けることができるようになり，マスメディアの誕生へと導かれていくのです。

　このような経緯を経て，人々は書物を単独で情報を語り伝える情報メディアとして認知するようになり，またそれを活用するための社会的なシステムとして情報システムが形作られるようになるわけです。

2.3　情報メディアをめぐるシステムの歴史的変遷

　前節で述べてきたように，情報メディアの機能性はそれ自身のみによるものではなく，それを位置づける人々による社会的な認識の形成が重要でした。しかもその認識は，それを取り扱う方法や仕組みによって大きく変化します。そのため，情報メディアの発展と歩調を合わせて，それを扱う仕組みも社会的に認知され，次第に情報システムとしての認識が広がっていき，今日の情報システムへと発展を遂げることになるのです。図 2.1 に示した情報メディアの発展段階を図 2.2 のように時系列的に並べて表記してみると，その発展に呼応して形作られてきた情報システムの発展段階がわかります。情報メディアに関わる技術は，米国の社会学者エヴェリット・ロジャース (Everett Rogers) が指摘しているように，一般的な技術変革とは異なり，新しいメディア技術が古いメディア技術を淘汰するのではなく，古いメディアもそれが形成する情報システムもその役割を変えながら共存し続けます。どちらの図も，文明の発展に伴って新たな情報メディアが生み出されて共存していくことを示していますが，図 2.2 ではメディアが形成するシステムを関連づけることでより明確にそのことを表しています。図 2.2 が示すように，情報システムは情報メディアの発展に従って，大きく以下の 3 つの段階を経て発展してきたと捉えることができます。

　I　記憶し語り伝える役割を担う人間によるシステム的な機能

時代 情報システム の発展段階	原始	石器	古代	中世	近世	近代	現代
Ⅰ 人間による 記憶と語り伝え	言語 身ぶり 接触	①身体による表現 のろし、木管、 笛、たいこ等の 原始的道具の使用 ②道具による身体機能の拡張					
Ⅱ 情報メディア を取り扱うための 仕組みや組織			文字の発生と定着　③身体性からの離脱（情報メディアの成立） 筆記用具の使用 史料、木管の 管理システム　③A：保存性能のためのシステム形成（情報メディアの保存・管理） 書簡、冊子等の　③B：伝送性能のためのシステム形成（情報メディアの搬送） 搬送システム 文字の読み書き　③C：表現方法普及のためのシステム形成（リテラシーの育成） 教育システム				
Ⅱ-1 情報メディア 人間組織		情報システムとしての 人間組織の構築					
Ⅱ-2 社会基盤 システム			人間組織への 技術や機能の導入	印刷術の登場 図書分類法　④独自の社会システムの形成 郵便・交通システム　　（情報メディアの複製と管理と搬送）			
Ⅲ 情報メディア の機械的な処理			多様な情報メディア とのシステム形成	［マスメディアとしての 情報システムの認識］ ⑤-1：物質性からの離脱 （システムの情報メディア化） ⑤-2：物質性からの離脱 （媒体の電気信号化） ⑤-2：物質性からの機能 （媒体の電気信号化） 写真術の登場 通信システム 出版システム		
Ⅲ-1 情報メディア の機械的システム化				［コンピュータ技術としての 情報システムの認識］ 社会に遍在する機能としての 情報システムの認識 ⑥-1：処理作業の自動化 （企業システム） ⑥-2：処理作業の自動化 （社会基盤システム）		無線通信システム 録音・録画装置 ラジオ・テレビ放送	
Ⅲ-2 情報メディア の自動システム化						コンピュータの自動化 ネットワーク インターネット スマートフォン	

図 2.2　情報メディアをめぐるシステムの歴史的変遷

Ⅱ　身体性から分離した情報メディアを取り扱う人間組織やその仕組みとしてのシステム

Ⅲ　情報メディアそのものを機械的に処理するシステム

人間による記憶と語り伝え

　最初の段階Ⅰは，情報メディアである人間自身が情報システムとしての機能を果たしている段階です。言語の発生は，人々の相互行為を促進するだけでなく，出来事や経験を知恵として語り伝えることができるため，文明を育み発展させる契機となりました。その発生から長きにわたり，言語を扱う人間そのものが情報メディアであり，文明を形作る知恵や教えを記憶して語り伝える情報システムとしての役割を担っていました。口頭での言語使用はその場限りの相互行為であり，使用者の身体能力を増大する道具も相互行為の中で用いられましたので，その痕跡を遺構や遺跡に見出すことはできませんが，記憶能力に長けた人間が受け継いだ知恵や知見を人々に語り伝えることで文明を維持し発展させてきたはずです。しかし，いかに記憶力が優れた人間でも記憶量には限界がありますし，ましてやそれらを他者に正しく語り伝え，しかも伝承させるには時間的にも厳しい制約があります。そのため，人間のみが情報メディアを担っていた時代の文明の発展は，とても緩やかで長きにわたり大きく変化しなかったともいえましょう。

情報メディアを取り扱うための仕組みや組織

　文字が生まれて人間の身体性から独立した情報メディアが成立すると，文字が記された媒体を取り扱う人間組織やその仕組みが形作られるようになり，やがてそれらが情報システムとしての機能を担う段階Ⅱへと進展します。人間の身体性から独立した情報メディアの成立は，その機能性を格段に高めただけでなく，さらにそれを向上させようとする社会的な動きをも誘発させ，それを果たすことができた文明を大いに発展させることとなります。文字を刻み込んだ媒体としての情報メディアは，記録した情報を長期間伝達し続けられるため，一人の人間の生涯を超えて知恵や知見を伝えることができ，しかも蓄積保存することで記録できる内容も飛躍的に増加させられます。しかも，媒体を複製したり，搬送したりすることで情報が伝播される範囲も拡大できるのです。その

ため，情報の記録保存だけでなく，伝送にも情報メディアが用いられて広く社会に浸透していくとともに，情報メディアが伝える知識や知見を活かした文明のさらなる発展に大いに貢献することとなるのです。

(1) 業務システムの形成

しかし身体性を離れた情報メディアは独立した「モノ」であるがゆえに，それらを収集し，大切に保管し，検索利用可能なように整理するための人手や取り組みが不可欠です。そこで，図2.2に示したように，情報メディア成立以降の進展には媒体や表現方法とともに，それらを社会で機能させるための「業務システム（II-1)」ともいえる仕組みが深く関わることとなります。そのシステムは図2.1に示した情報メディアの3つの機能性に対応しており，表現者の身体性から独立した「モノ」としての媒体を保管し管理するため（③A)，搬送し伝達するため（③B)，そして情報メディア成立の前提である文字の読み書き能力（リテラシー）を社会に浸透させるために人々を教育し訓練するため（③C)の人間や組織，それらを機能させる仕組み（システム）が深く関わっています。

情報の記録（③A)に関しては，それまで情報を記憶し伝承することに長けた人間が担ってきた情報システムとしての機能も変貌を余儀なくされ，「モノ」としての情報メディアである媒体に物事を記録し，記録された媒体を保存・管理し，必要とされる媒体を探し出して提供するといった情報システムの核となる機能を果たす人間や組織が求められることとなるのです。情報の伝達（③B)に関しても，器楽やたいまつ，のろしなどの身体機能の拡張ではなく，「モノ」である媒体を伝令や飛脚のように人間が搬送することで，その伝達範囲や伝送量を飛躍的に拡大できるようになりました。そして一人の人間の移動速度や搬送距離の限界を克服するために，鳩や犬などの動物を飼い慣らして搬送させたり，船や馬車などの輸送手段を開発したり，さらには回船や駅馬車のような組織的な搬送システムを構築したりするようにもなります。

その一方で，情報メディアがこのような役割を果たすためには，文字の読み書き能力を備えた人がいることが前提ですから，識字率を向上（③C)させるための教育や訓練の方法の開発やそれらを実施するための組織の設置なども取

り組まれました。それにもかかわらず，情報メディアが成立して書物が制作されるようになってからも，情報メディアの発展は長らく緩やかなものでした。言語に比して文字の読み書きには相応の修練が必要とされるため，職務上それを必要としていた執政者や僧侶など社会を司り統率する階級の人々以外には，なかなかリテラシーが広まらなかったからなのです。

(2) 社会基盤システムの形成

　やがて社会にリテラシーが浸透し，情報メディアを活用できる人々が増加するのに伴い，次第に多くの書物が求められるようになります。そのため，当時はこの高まる要求に応えるべく写本業が活況でした。そればかりか，書物がもたらす知識の社会への浸透は，情報メディアを機能させる仕組みを，それまでの執政者に仕え用務を果たす「業務システム（Ⅱ-1）」から社会の多くの人々の日常的な要求に応える「社会基盤システム（Ⅱ-2）」へと変貌させることにもなります。ヨハネス・グーテンベルク (Johannes Gutenberg) が開発した印刷術は，時間がかかっていた本の複製作業を効率的にこなせる機械的技術であったことから，15 世紀中盤の社会で高まっていた書物を求める声に応える，出版システムの先駆けとして受け入れられていったのです（④）。

　また，書簡のやり取りも活発になったことから，個別に飛脚に依頼するのでなく，駅間で定期的に書簡を搬送する駅逓による郵便制度が 16 世紀には制定されています。そして書簡搬送のための郵便馬車は，旅を志す便乗希望者を増大させることとなり，交通システムへと発展を遂げるのです。郵便や交通というような社会基盤システムが整備されたことにより，文字を記した書簡や書物だけでなく，人や物をも含めた情報メディア全般の移動が以前に比べてはるかに容易になったわけなのです。特に，印刷術の発明はそれまで人間の手によって行われていた本や書類の複製にかかる時間を飛躍的に向上させ，外部に表現された情報を大量に作成することが可能となりました。この双方の変革の相互作用によって，情報の大量流通，大量消費への基盤が次第に整備され，新聞や雑誌のような情報を広く一般大衆に知らしめるためのマスメディアが形成されていったのです。また，紙の流通と印刷業の普及に伴い，書物が社会に氾濫する状況となったことから，目的とする対象に容易に到達することを目的とする

カテゴリーによって階層化した図書分類法が考案され，大量の情報メディアを保存・管理するシステムの基礎も作り上げられました。17 世紀の西洋では，この分類法に基づいて，文明の基礎をなす知の集積と人々への提供を果たす社会基盤システムとして機能する近代的な図書館が開設されています。「業務システム（II-1）」ともいえる情報システムとして人間組織は，やがて公共図書館（③A），郵便（③B），教育（③C）といった社会制度として制定され，近代社会の礎をなす社会基盤システムとなっていくのです。

図書分類法と高次情報

　書物を集積して利用するための図書館は粘土板に文字を刻んだ情報メディアが登場した当時から存在し，紀元前 7 世紀にはアッシュルバニパルの図書館が建立されています。これは，アッシュルバニパル 2 世が首都ニネヴェに作った大規模な文書保存庫で，有名な『ギルガメシュ叙事詩』を含む，楔形文字が刻まれて焼き固められた粘土板文書が 3 万点以上収蔵されていました。

　このような多くの書物の収蔵には，利用時の検索を考慮した分類整理が不可欠ですので，それぞれの図書館で種々取り組みがなされ多様な分類法が用いられていました。しかし，近代図書館における図書分類法の歴史は，19 世紀のパリの書店で用いられたフランスの書誌学者ジャック・C・ブリュネ (Jacques Charles Brunet) が考案した分類法に始まります。フレンチ・システムとも呼ばれるこの分類法では，大項目を「神学」，「法学」，「科学・芸術」，「純文学」，「歴史」の 5 分野としていました。この分類法は，図書館での分類法にも多大な影響を及ぼしました。そして，1876 年に米国の図書館学者メルヴィル・デューイ (Melvil Dewey) により数字で分類項目を表現する十進分類法が作られ，この修正版が国際十進分類法 (UDC) となりました。

　出版業が普及し，さらに多くの書物が出版されるようになると，1 つの項目内に分類される書物も増え，容易に目的とする書物にたどり着けない状態となりました。その対処方法として十進分類項目をさらに細かく項目分けして分類するようになりました。また，利用したい書物という 1 次情報 (primary information) の入手に役立つ索引や目録のような 2 次情報 (secondary information) を用意することも考えられ，利用されるようになります。今日のガイドブックや情報誌につながるものです。1 次・2 次情報よりもさらに普遍的で，かつ情報検索の最初の手掛かりとなることが多い 3 次情報 (tertiary information) をまとめた書物もあります。身近な例としては，教科書や年鑑・百科事典などの解説的または累積的情報などがこれに該当します。ただし，これらの次数の区別に厳密な区別があるわけではなく，例えば 1 次情報である文献の参考文献リストは，その参考文献に至る 2 次情報でもあるのです。

情報メディアの機械的処理

　情報メディアをめぐる社会基盤システムの整備は，開明的な知識の探求を推し進めることにもなりました。その一つの成果が科学技術の目覚ましい進展といえます。それは情報メディアのあり方にも多大な影響を及ぼし，機械技術に依拠した新たな情報メディアを誕生させるだけでなく，情報システム自体が機械化され自動化された今日へと至る段階Ⅲへと進展させることとなるのです。情報メディアに関する技術として印刷術に続いたのは，写真術へとつながる光学技術です。実際の風景を平面に投影できるピンホールカメラのような光学現象は，古くから知られていましたが，17世紀初頭に望遠鏡や顕微鏡のレンズ開発として始まった光学技術と18世紀に発見された銀塩感光現象の応用により，投影像を定着させる写真術が19世紀初頭に開発されます。写真術は，撮像機材であるカメラを用いて映像を感光材に定着させる光学と化学に依拠した技術の組み合わせによって初めて可能となりました。それは，機材や技術システムに依拠した情報メディアの誕生であったのと同時に，情報メディアの機械システム化という段階Ⅲ-1の情報システムの萌芽でもありました。

(1) 情報メディアの機械システム化

　次に頭角を現してくるのは，通信術です。古くから火やのろし，旗などを用いて，決められた意味の情報を遠方まで伝達することはなされていたものの，その利用は限定的なものでした。18世紀末期にシャップ兄弟 (Claude and Ignace Chappe) は，形状を変えることで多様なメッセージを表現できる腕木信号機と，その形状をバケツリレー方式で素早く遠隔地まで伝送できる通信システムを考案し，フランス全土に通信網を構築します。これは郵便馬車と同様にメッセージの伝送に特化したシステム的な取り組みであり，同時期にイタリアをはじめとして他国でも同様のシステムが構築されています。この通信システムは，アレッサンドロ・ボルタ (Alessandro Volta) の発明によるボルタ電池を用いた電気通信を中継するシステムとして活用され，19世紀初頭の電気通信網の構築に貢献することにもなるのです。

　これらの歴史的出来事が物語るように，この時代には印刷術による出版システム，通信術による通信システム，写真術による写真撮影（現像）システムな

どのように情報メディアごとのビジネスシステムが形成され，そのシステム自体を情報メディアとして人々が認知する素地が醸成されました（⑤-1）。さらに，19世紀後半にアレクサンダー・グラハム・ベル (Alexander Graham Bell)

腕木通信システム

　腕木信号機による通信システムは，1791年にフランスのシャップ兄弟により実用化されました。この信号機が設置された中継局の駐在員が自局の腕木を望遠鏡で読み取った前の局の腕木の形にして次の局に中継していくシステムです。この通信システムは当時の革命政府によってフランス全土に建設され，19世紀半ばには全長4,800km，556局に及ぶ通信網がありました。この通信は，局の間隔は可視範囲に制約されることから10マイル(16km)程度で，通信距離に応じて多数の中継局員が必要ですし，夜間や悪天候下には使えませんでした。しかし，当時のデモ通信では，パリ～リール間230kmを2分で，さらに英国ではロンドン～プリマス間350kmを3分で往復したといわれています。後者は局間を3秒で中継して秒速約5km出ていたことになりますから，デモ通信とはいえ，当時としてはかなり速い通信が可能であったことを物語っています。

　フランスでは1852年に腕木信号機（図）を電気を使った電信に置き換えますが，その際に中継局員が電信の中継を担うことで，電信システムが早期に国内に普及できたといわれています。

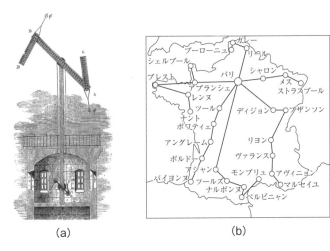

(a)　　　　　　　　　　(b)

　図　（a）シャップの腕木信号機とその構造，（b）19世紀フランスの腕木通信網
　　　ともに，［高橋 2011］より引用

により電話が発明され，音声による通信システムが社会生活に普及したことにより，機械的機構を包括したビジネスシステム全体を情報メディアとして捉える認識のあり方を社会に浸透させることとなるのです。

　それとともに注目すべき点は，これらのシステムが，情報メディアとして機能するための機械や機構などのハードウェア部分と，情報内容を保持する媒体やデータなどのソフトウェア部分とからなるという重要な概念を内包していることです。この時期にトーマス・エジソン (Thomas Edison) が発明した蓄音機から始まる録音技術では特にこれが顕著となり，媒体に記録された録音内容の聴取にハードウェアである再生装置が必要とされる一方で，情報メディアとしてはソフトウェアである録音された媒体こそが重要と考える意識が芽生えてくるのです。写真術も 19 世紀末にジョージ・イーストマン (George Eastman) が発明したロールフィルムを使用し，工場で現像するビジネスが始まったことで一気に大衆化が進んだだけでなく，フィルムが映像記録媒体として重視されるようになり，フィルムが不可欠な映画の発明へと続く基礎技術ともなりました。出版や通信でも，そのビジネスを支えるシステムの中で，組みあがった版を保存して再利用する方法や電気信号を伝播するための変復調方式として同様の概念的枠組みが見て取れます。

　その後も電気技術の発展は目覚ましく，現代の情報化社会を支える電子技術の礎となる電子素子の真空管が 20 世紀初頭に開発されます。電子素子を組み込んだ電気回路である「電子回路」により，それまで機械的な仕組みや人手に頼っていた電気信号の増幅作用やスイッチング動作が可能となりました。それにより，無線通信技術が花開き，陸海空の交通システムとともに発展し，音声通信によるラジオ放送，さらには映像通信によるテレビ放送へと至る社会の情報基盤が形成されていきます。しかも，電気信号を媒介する通信システムは電子技術により人手を排して自動機械化できることから，物質性から離脱して，原理上 1 秒に地球を約 7 周半する，電気信号化された情報メディアは，地球上のあらゆる場所へ瞬時に伝達可能となったのです。メディア研究の第一人者である M・マクルーハンは『グーテンベルクの銀河系』で，このような状況を指して地球村 (Global village) の誕生と述べています。このような実体を伴わない電気信号媒体が瞬時に世界中を駆けめぐる状況と相まって，その媒体によ

る情報メディアを受信機や受像機を通して視聴しなければならないことから，放送のような機械的機構を中心に構築されたマスコミのビジネスシステム全体を「人々に情報をもたらすシステム」と捉える見方が芽生えてくるのです（⑤-2）。

(2) 情報メディアの自動システム化

　皮肉にも 20 世紀半ばに世界を巻き込んだ大戦は，情報メディアだけでなく，それを取り扱う情報システムに関わる技術をも大きく進展させることとなります。なかでも指定した手順に従って連続的に高速計算を実行させるために開発された電子計算機（デジタルコンピュータ）は，複雑な科学技術計算の枠を超え，人間が担ってきた情報システムとしての機能性の機械化に大きく寄与することとなり，発展段階Ⅲ-2 の情報メディアの自動システム化がなされた現代社会が構築されることとなるのです。電子技術の登場により，それまで人間が担ってきた多様な情報メディアの情報システム機能は徐々に自動化されつ

═══ 電子技術と無線 ═══

　真空管が登場する以前に開発された無線では，電波を発生させるために，電気火花（放電）で回路を断続したときに生じる電磁波が利用されていました。放電による電波は今日では雑音に分類される減衰振動波ですから，短いモールス符号しか送信できませんでした。真空管の登場によって安定した連続波を発生できるようになり，この問題が解決できたわけです。それだけでなく，真空管による電子回路は，受信電波から信号を取り出す検波作用や，信号にエネルギーを与えて振幅を拡大する増幅作用も実現させました。それにより，今日のラジオ放送のように，放送局の送信電波を検波し，信号を増幅して聞くことが可能となったのです（図）。

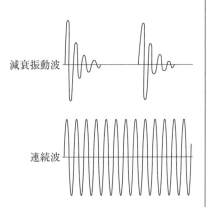

図　放電による電波（上図）と真空管による電波（下図）
［髙橋 2011］より引用

つありましたが，デジタルコンピュータ（以下，コンピュータ）は情報メディアの保存，管理から整理，検索，加工，伝送にまで至る情報システム機能を一手に担い，自動化を促進します．それにとどまらず，書類のやり取りを中心に構築され運営されてきた行政や企業などの業務組織でも，書類を電子データ化して紙の使用を極力減らすと同時に電子データのやり取りに即したかたちに業務の再構築 (re-engineering) をして効率化を図る動きが顕著となります．

コンピュータは，第3章で説明するように，高精度に数値を計算する機械ですが，数値データ (digital data) を文字や記号，さらには音声や画像と意味づけることで，多様な情報メディアを扱うことができます．しかも，コンピュータは情報メディアをデジタル信号化するスキャナーやセンサーのような変換装置を高精度に制御することにも寄与します．そのため，印刷術，写真術，通信術でそれぞれ異なっていた情報メディアも，業務システムへのコンピュータの導入に伴って次第にデジタル信号化されていきます．その効用は，情報メディアの違いという垣根をなくした複合的媒体であるマルチメディア (multimedia) 化を促進するだけでなく，メディアごとに異なっていたビジネスシステムを統合へと導くこととなるのです．

20世紀半ばには，現代社会の基盤をなす電子技術を大きく進展させる半導体素子であるトランジスタが発明されます．トランジスタは，真空管に比して小型で，消費電力が小さく，寿命が長いことから，電子技術を用いた機器の小型軽量化に貢献することになります．さらに，半導体を重ね合わせて多数のトランジスタからなる電子回路を1つの電子素子のように扱える集積回路 (IC : integrated circuit) を製造する技術も開発されます．IC は高機能であるにもかかわらず故障率はトランジスタ単体と変わらず，電子回路を縮減し，動作速度を向上させ，消費電力も少ないため，実用化に伴って急速に電子素子の主役となり，電子機器の信頼性も高まっていきます．このような IC の特長を生かすため，その集積度は幾何級数的に高められていき，開発当初1つの IC チップ上10個程度であった部品数が，わずか10年後には1,000個を超える LSI (large scale integration) が多用されるようになり，20年後には100万個を超える VLSI (very large scale integration) さえ実用化されています．

このようなマイクロエレクトロニクス (microelectronics) 技術の進展は，大

規模な電子回路で構成されたコンピュータを 1 つの IC チップ上に実装したマイクロプロセッサ (μ-processor) を誕生させます。それは電子機器の高機能化に寄与しただけでなく，個人が自由に利用できるパーソナルコンピュータ (PC：personal computer) をも生み出しました。当初，家庭での趣味的利用から始まった PC は，ハードウェアおよびソフトウェアの両面で次第にその機能性を高め，次第に個人のビジネスツールとしての存在感をも高めていきます。それは，業務遂行上の支援としてだけでなく，人々が社会生活の営みにおける情報メディアの制作や保存，管理，伝送などの情報システム機能にも多大な影響を及ぼすこととなります。しかもそれは，文書の作成や計算処理ばかりでなく，通信回線を介して PC 間でデジタル信号を直接やり取りするコンピュータネットワーク (computer network) 技術の普及と相まって，楽曲の制作や映像の編集，配信などの創作活動や，電子掲示板や電子メールなどの PC を介したコミュニケーション (CMC：computer mediated communication) へとコンピュータ技術の応用範囲を拡大させていくのです。

　コンピュータネットワークは，そもそも遠隔地に設置されたコンピュータ間のデータを交換用として専用の高速回線で形成され，広域で業務を展開する銀行や交通・運輸などの業務支援やサービス機能の拡大に貢献しました。その事例として，銀行 ATM，航空便や鉄道の座席予約，宅配便などの，今日の私たちが情報システムとして認識する，ビジネスシステムを挙げることができます。その一方で，仕事の現場への PC の普及は，PC 同士のデータ交換ニーズを高め，そのためのローカルなネットワーク (LAN：local area network) が構築されていきます。その動きの中で，PC は企業の業務を担う基幹コンピュータと連携して情報システム機能の一翼を担うようになり，ついにはクライアントサーバシステム (client server system) として，末端の PC がシステムの主役 (client) を務めるまでになっていきます。このようにしてコンピュータネットワークはこのような外部へのビジネス機能の展開ばかりでなく，企業や組織のビジネスシステムのあり方も大きく変貌させるとともに，コンピュータ技術としての情報システムの認識を社会に浸透させることにもなったのです (⑥-1)。

　PC のネットワーク化に伴い，電子掲示板や電子メールなどの CMC 機能とその有用性が社会的に認知されるようになり，その利用範囲が拡大されていき

ます。当初，それは企業や組織，サービスプロバイダーなどが形成する利用者
ネットワーク内で限定的になされていました。しかし，CMC の普及に伴っ
て，個別のネットワーク範囲を超えた人々との CMC 欲求が利用者間で次第に
高まり，ついにはサービスプロバイダーごとに形成されていたネットワークを
仲介するインターネット (inter-networking) が構築されていきます。このよう
な社会の動きの中で，インターネットを介して複合的な情報メディアを提供す
る WWW の機能も実現され，個人でも手軽に情報メディアを世界に向けて発
信できる環境が整います。

　またこの時期は，携帯電話も社会に普及・浸透していきます。当初，通話と
ショートメッセージのやり取りに限られていた機能は，インターネットへの接
続とディスプレイの拡大により次第に情報端末として位置づけられるような機
能性にまで拡大され，ついには電話よりもデータ通信を主眼としたスマート
フォンやタブレット型 PC へと発展していきます。携帯電話網と無線 LAN が
普及した今日の情報環境においては，個人的な利用はもとより，企業や組織で
の業務用にもこれらの機器の利用が広く一般的に利用されています。そのた
め，WWW も情報の検索や提示のための単なる広報・広告機能から多様なビ
ジネスやサービスのためのコミュニケーション窓口へと位置づけが変化してき
ました。またそれとともに，企業や組織の内部に設置され情報システム機能を
提供してきた基幹コンピュータは，WWW 上で情報システム機能を提供する
クラウドサーバへと置き換えが進んでいます。このように今日では，企業のビ
ジネスシステムをも含めた社会の多くの情報システム機能がインターネットと
それに接続するための通信システムからなる情報環境上に構築されており，社
会基盤システムのように機能しているわけなのです。それに伴い情報システム
に対する認識も，コンピュータの存在を意識することなく，社会に遍在する機
能としての見方へと変化していくのです（⑥ -2）。

2.4　自立を超えて「自律」を要請される情報システム

　言語的なコミュニケーションに基づいた行動は多くの動物に見出すことがで
きますが，人間は状況認識や組織的連携といった日常の動物的行動としてだけ

でなく，出来事や経験から得られた知を世代を超えて伝え受け継ぐことで文明社会を構築してきました。これまでに見てきたように，知を伝承する媒体である情報メディアと文明社会とは深く関係しながら相互に発展してきたことがわかります。しかもその関係性は，技術的な取り組みで開発された新たな情報メディアの機能性が文明の発展を主導してきたとの一般的認識とは異なり，むしろ社会的文脈の中で要請された機能性を発揮できる情報メディアの開発が，文明を発展させてきたと捉えるべきであることがわかります。その関係性の中で，情報メディアの機能性は人間の身体性から分離されたことによって高まり，さらに電気信号化による物質性からの離脱によって極限まで拡大されてきたのです。このような礎があったからこそ，今日の情報化社会が構築できたともいえるのです。

　この歴史的経緯が示唆するのは，情報メディアはその自立性が高まるように発展してきたことであり，情報システムは情報メディアを機能させる仕組みとしてその自立性の向上に寄与しつつ，ともに発展してきたということです。見方を変えれば，情報システムの機能性が向上するように情報メディアの自立性が高められ，また機能性向上に寄与する自立性の高い情報メディアが取捨選択されてきたと捉えることもできるのです。情報システムは，情報メディアの発展とともに自らの自立性をも高め，特定の能力を保持した人でなくても担えるよう機能の形式化が図られ，組織的に対処することで属人性から脱却していきます。そのような経緯の中で，情報メディアである書籍を収集・管理し，多くの利用者が検索・利用できる図書館のような独立した組織が生み出され，情報システムとして認識できる具体的な対象が，形作られることとなるのです。印刷術の開発によって新聞や雑誌などの印刷物による情報伝達サービスが登場すると，それらの情報メディアとそれに関わるビジネス全体を人々に情報をもたらすマスメディアとして捉える見方が広がり，その機能を提供する仕組みや組織を情報システムとする見方が生まれました。マスメディアは，やがて電気通信技術を取り込んで，音声や映像といった直感的な情報メディアをより広く一般に伝達できるようになることから，それらの装置や技術的仕組みを情報システムと捉える見方が広まることとなるのです。

　今日，私たちが情報システムとして認識するのは，この情報システム機能を

担っている機械システムやビジネスシステムであるわけですが，そのような仕組みは情報処理機械であるコンピュータの登場によって初めて実現可能となりました。当初の電気技術は，通信をはじめとする電気信号を用いた多様な情報メディアを生み出しはしましたが，それらの取り扱いや管理は，やはり人手に頼らざるを得なかったからなのです。そして，このような経緯からもわかるように，人が担う形で形成され機能してきた情報システムは，情報メディアの認知が身体性からの離脱により促されてきたのと同様に，特定の人の手を離れて独立した組織や機構が構築されたことで自立性が高まり，多くの利用者に機能を提供できたことで認知が広がったといえるのです。

そして，コンピュータの登場は，外在する情報の記録伝達媒体にすぎなかった情報メディアに情報処理機能を付加して，媒体が保持する情報の加工をも可能にしました。また，コンピュータグラフィックスや仮想現実 (VR：virtual reality)，拡張現実 (AR：augmented reality) などのように，全く現実には存在しない情景や感覚を人々に体感させることさえできるのです。このようなコンピュータがもたらした新たな情報メディアは，人々の新たな発想力や創造力を刺激して表現力を高めることに寄与しただけでなく，それまで水や空気のような日常的な存在であった人間の情報行動や情報メディアの存在を人々に再認識させることにもなりました。

しかしその一方で，このような情報メディアの身体性や時空間からの独立とそれに伴う機能性拡張は，現実や実態を伝えてきた情報メディア自体の信憑性や内容の信頼性を損なわせてしまうことにもなるのです。しかも，自立した情報メディアは人の手を借りずに一人歩きして，あたかも事実のように人々に語りかけることができるため，デマやフェイクニュースの拡散に見られるように社会を当惑させることにもなってしまいました。そのうえ，AI 技術の高機能化と普及は，情報メディアの語りをさらに「もっともらしく」するため，真偽の見分けも困難にしつつあるのが実状です。その様相は，まさにジャン・ボードリヤール (Jean Baudrillard) が『シミュラークルとシミュレーション』で論じたような，実在をもたない記号であるシミュラークルが形作る拠り所のない社会そのものといえましょう。

=== **実在をもたない記号が形作る現代社会** ===

　フランスの社会学者である J. ボードリヤールは，実在をもたない記号としての〈シミュラークル〉と，起源も現実性もない実在のモデルで形作られたハイパーリアルとしての〈シミュレーション〉を中心概念として現代の社会や文化を分析しています。「シミュラークルの先行」という論文の中で，記号と実在が等価であることに由来する表象と対立する〈シミュレーション〉との関係性が〈シミュラークル〉を形作ってしまうことを，画像を例として以下のように述べています。ボードリヤールの文章は挑発的で飛躍的ですので賛否両論が聞かれますが，真偽が明らかでなく見分けることも困難な自立した情報メディアが飛び交う現代社会の様相を物語っていると解釈できないでしょうか。

　　画像（イメージ）は次のような段階を経てきたようだ。
　　・画像はひとつの奥深い現実の反映だ。
　　・画像は奥深い現実を隠し変質させる。
　　・画像は奥深い現実の不在を隠す。
　　・画像は断じて，いかなる現実とも無関係。
　　つまり画像はそれ自身純粋なシミュラークルだ。
　　第一の場合，画像は良い概観だ―表象は秘蹟に属する。第二の場合は，画像は悪い概観だ―表象は呪いに属する。第三の場合，画像は外観になろうとする―つまり画像は妖術に属する。第四の場合，画像は断じて外観に属しはせず，シミュレーションに属する。何でもないことを隠す記号，何かそんな記号に隠すような記号の推移は決定的転機を印す。前半の場合では，真実と秘密を究める神学に至らせる（いまだイデオロギーに属する）。後半では，シミュラークルとシミュレーション時代の幕開けを告げる。そこには自分のものだと見分ける神もなければ，偽物を本物から区別したり，実在をその人為的復活から区分する最後の審判も存在しない。なぜならすべては，すでに死に絶え，前もって蘇っているからだ。
　　実在が，かつてあった実在でなくなる時，ノスタルジーがあらゆる意味を獲得する。起源神話と現実の記号が競い合い，付随的な真実，客観性，本物らしさ等が競い合う。真実や体験や具体的な物の形の復活などがエスカレートし，だからそこで客体と実体が消滅した。気違いじみた物質生産と並行し，それを上回って実在と照合型が狂ったように生産される，これがわれわれの身近でくりひろげられるシミュレーションだ――実在の戦略，ネオ実在とハイパーリアルの戦略，それらがいたるところで抑止の戦略を倍増する。

　　　　　　　　　　　　　　（[Baudrillard 1954，竹原 1984] より引用）

　情報メディアの自立性は，伝達性能や保存性能といった外形的な機能性を高めることに寄与すると同時に，そこに表現される内容の是非や取捨選択といった評価の手からの独立をも意味します。そのため，自立性の高まった情報メディアに人々は自由に情報表現できる一方で，人々の欲望や欲求，偏見，主義主張が声高に表現されることにもなりかねませんし，もっともらしく語りかけるAI技術の浸透とも相まって，情報メディアが単独で暴走して社会を混乱に陥れる危険性さえはらんでいるのです。

　情報システムは，情報メディアの機能性向上に資するように構築され，その自立性を高めて利用範囲や利便性を広げることで自らも自立性を獲得して，ともに発展してきました。しかしこのような状況下においては，機能性を拡大する方向とは反対に，自立した情報メディアの暴走を押さえて社会を乱さないよう抑制する方向に機能することが情報システムに求められています。それは，情報メディアや情報システムが獲得してきた自立性を制限するということではなく，むしろ情報システム本来の「自律性」を発揮して，自立した情報メディアの信頼性や信憑性を高め，ひいては機能性をも高めるための取り組みや仕組み作りといえます。

　しかし，自立した情報メディアとうまく付き合っていくための「自律的な」情報システムは，技術的のみに構築できるものではありません。その観点での情報システムは，遵守すべき社会制度や法律の施行のような新たな制約条件のみならず，暗黙的な社会規範や利用文化，さらには個人の意識形成までをも含んだ文明社会の礎ともいえる，人々に共通な社会システムであるからです。具体的には，氾濫する情報メディアの出所や真贋を担保する認証を与える仕組みの構築と制度の策定，そしてその認証を評価し権威づける行動や意識形成を促す取り組みなどが挙げられましょう。そして単に情報システムの技術的および制度的な機能性のみに頼るのではなく，このような社会全体での取り組みとそれを継続していける仕組みを構築することこそが，真に「自律した」情報システムを実現するための方策であり，自立した情報メディアの機能性を活かせる社会を形成していくための礎をなす社会システムとして期待されていることなのです。

演習問題

課題：ラジオやテレビ，携帯電話，電子メール，SNS などの情報メディアを1
　　　つ選択して，その情報メディアをめぐる最も思い出深い出来事や経験に
　　　ついて，書き出してみてください。また，みなさんより年上の人々に同
　　　じことをヒアリングして，情報メディアの利用方法や機能性などの観点
　　　から，みなさんとの相違点を整理してみましょう。

参考文献

Baudrillard, Jean (1981) *Simulacres Et Simulation*, Galilée（竹原あき子 訳　(1984)『シ
　ミュラークルとシミュレーション』，叢書・ウニベルシタス 136，法政大学出版局）.

Blasselle, Bruno (1997) *A pleines pages Histoire du livre*, Gallimard（荒俣宏 監修・木村
　恵一 訳 (1998)『本の歴史』，創元社）.

Jean, Georges (1987) *L' écriture mémoire des hommes*, Gallimard（矢島文夫 監修・高橋
　啓 訳 (1990)『文字の歴史』，創元社）.

Jean, Georges (1989) *Langage de signe: l'écriture et son double*, Gallimard（矢島文夫 監
　修・田辺希久子 訳 (1994)『記号の歴史』，創元社）.

加瀬滋男 (1988)『産業と情報　改訂版』，放送大学教育振興会.

加藤秀俊 (1963)『整理学』，中公新書，中央公論社.

加藤秀俊 (1972)『情報行動』，中公新書，中央公論社.

川喜田二郎 (1967)『発想法』，中公新書，中央公論社.

McLuhan, Marshall (1962) *The Gutenberg Galaxy : the Making of Typographic Man*,
　University of Toronto Press（森常治 訳 (1986)『グーテンベルクの銀河系：活字人間
　の形成』，みすず書房）.

McLuhan, Marshall (1964) *Understanding Media: The Extensions of Man*, McGraw-Hill
　（栗原裕・河本仲聖 訳 (1987)『メディア論』，みすず書房）.

松岡正剛 監修 (1996)『増補　情報の歴史』，NTT 出版.

水越伸 (2011)『21 世紀メディア論』，放送大学教育振興会.

長尾真・石田晴久 他編 (1990)『岩波情報科学事典』，岩波書店.

大野晋・佐竹昭広・前田金五郎 編 (1974)『岩波古語辞典』，岩波書店.

Ong, Walter J. (1982) *Orality and Literacy, The Technologizing of the Word*（桜井直
　文・林正寛・糟谷啓介 訳 (1991)『声の文化と文字の文化』，藤原書店）.

小山田了三 (1993)『情報史・情報学』，東京電機大学出版局.

プラトン著，藤沢令夫 訳 (1967)『パイドロス』，岩波文庫 青 601-5，岩波書店 .

Rogers, Everett M. (1986) *Communication Technology: The New Media in Society*, The

Free Press（安田寿明 訳 (1992)『コミュニケーションの科学：マルチメディア社会の基礎理論』，共立出版）.

重光司 (2013)『電気と磁気の歴史：人と電磁波とのかかわり』，東京電機大学出版局.

高橋雄造 (2011)『電気の歴史：人と技術のものがたり』，東京電機大学出版局.

山本順一 編著 (2016)『新しい時代の図書館情報学（補訂版）』，有斐閣アルマ，有斐閣.

吉見俊哉・水越伸 (1997)『メディア論』，放送大学教育振興会.

吉見俊哉 (2012)『「声」の資本主義：電話・ラジオ・蓄音機の社会史』，河出文庫，河出書房新社.

第**3**章
デジタル情報技術による
情報システムの顕在化

　前章で見てきたように，情報メディアは外界に情報を表現する方法とその表現内容を記録し保持できる媒体によって成り立っています。その利活用には，情報メディアを収蔵し，保存・管理し，要請に応じて提供できる情報システム機能が不可欠です。しかも，その機能性は，情報メディアを取り扱うための仕組みや技術の進展とともに高まるのです。その意味で，情報メディア成立以降の文明の飛躍的な発展はその機能性を実現するための情報システム機能の進歩とともにあったといっても過言ではないのです。しかし，情報システム機能を支える仕組みや技術は，社会を司り，政（まつりごと）を担う人々の権力や威光とも密接に関係しているだけでなく，社会構造を形作りつつ，その中に組み入れられてきましたので，管理される側の一般の人々にとって縁遠いもので，顕在化することもありませんでした。

　情報システムが人々に認知されるさきがけとなったのは，電気通信技術の登場といえましょう。電気信号による情報の表現は，情報を物質性から分離して光の速さで伝達することを可能としただけでなく，同時期に進行した社会の近代産業化と相まって，情報メディアを機械的に取り扱う道を切り開くことにもなりました。そして電気技術から電子技術への進展は，大量な計算を高速に処理できるコンピュータの誕生へとつながります。やがて，情報メディアをデジタル信号化すればこれまで人々が担ってきた情報システム機能をコンピュータで代替できる，ということに気づいた企業の経営者や行政組織の管理者により，コンピュータを核に据えた情報システム (CIS，3.2 節参照) の開発や導入が進められていくことになるわけです。そしてこの CIS を「情報システム」と呼んで社会に普及させたこそが，その処理能力とも相まって人々に情報

システムの認知を促すこととなるのです。

さらに，コンピュータ同士を直接接続してデジタル信号化した情報メディアを直接やり取りするコンピュータネットワークが開発され，インターネットや携帯電話通信網へと発展していきます。それは，これまでの場所や時間の制約から解き放たれた新たな情報通信環境を提供するとともに，個々の利用者をも巻き込んだ地球規模での情報空間の構築とその情報システム機能の実現を可能にしたのです。

本章では，現代社会に不可欠な CIS の基盤であるデジタル情報技術に焦点を当て，その発展経緯を踏まえつつ，CIS を核とする現代の情報システムが構築されてきた過程を概観します。また，デジタル情報技術の特性や得失を踏まえつつ，現代の CIS に対する社会的要請とそれに応えるデジタル情報技術の動向について概説します。

3.1 デジタル情報技術による情報システムの認知

情報システムは，情報技術の中核をなすコンピュータの社会的な応用によって人々に広く認知されるようになりました。そもそもコンピュータは，物理学を中心とした科学的研究やその軍事利用としての弾道計算や兵器開発などにおける多量の数値計算を，高速に処理するための電子技術を用いた自動計算機械として，第二次世界大戦の最中，米国で開発されました。戦後，軍事技術であったコンピュータの民間利用を模索する中で，給与計算や財務会計，在庫管理などの企業活動における計算業務での利用が始まります。その当時，コンピュータは電子計算機として認知されていたにすぎませんでしたが，1960 年代に入るころには，数値として使用していたデジタルデータを記号や文字，さらには図形を描くデータと意味づけたデジタル情報メディアとして表現し，取り扱おうとする機運が高まっていきます。そして，住民票や顧客情報のような定型的で形式的な文書データや，建物および機械製品の図面データなどのデジタル情報メディアをそのまま保存・管理したり，検索提示したりする情報システム的な利用が模索され，実際にシステム開発に取り組まれるようになります。

　そのような状況の下で，コンピュータ開発企業もデジタルデータを演算処理する電子回路やデータの入出力装置のような物理的機構であるハードウェア (hardware) ばかりでなく，導入現場で要求されているデータ処理手順を，ハードウェアに指示するプログラム (program) の総体として情報システム機能を実現させるソフトウェア (software) の開発が不可欠となります。しかし，ソフトウェアはハードウェアと異なり具体的対象としての認識が困難ですので，それらの導入を請け負う包括的なサービス製品を指し示すビジネス用語として情報システムの開発という用語が用いられるようになりました。それはまさに，第1章で述べたような人々の情報システムの捉え方の基礎となる見方ということもでき，情報がもたらされる窓口の背後に存在するコンピュータやメディア装置のような情報技術による機械的な仕組みこそが情報システムである，という認識として今日まで受け継がれる要因ともなったのです。しかもこのような経緯は，情報メディアの成立と同様に，情報システムも人間の身体性から分離した存在となったことで認知されるようになったことを物語ってもいるのです。

　コンピュータの登場によって注目されるようになった情報技術 (IT：information technology)[1] は，デジタル表現された電気信号を用いたデータ処理技術の総称で，前章で概説した電子技術を基盤として実現されています。情報技術の萌芽は，人間が自由に電気的現象を扱える技術が開発されて以降急速に進展した電気通信技術を土壌として，アラン・M・チューリング (Alan M. Turing) によるチューリングマシンやクロード・E・シャノン (Claude E. Shannon) による情報理論などのコンピュータの登場を予見させる理論研究に見出すことができます。しかし，情報技術が社会で脚光を浴びるのは，デジタル表現された電気信号で表現された情報メディアを蓄積，伝達，演算処理する情報処理機械としてコンピュータが用いられるようになってからのことといえます。

　コンピュータは，図3.1に示すような5つの機構で構成されています。デー

---

1)　21世紀初頭のインターネット普及期には，コンピュータネットワークに注目して，情報通信技術（ICT：information & communication technology）と呼ばれた時期もありましたが，両者を厳格に峻別しなければならない学術論文での記述を除き，通信が日常化した今日ではまた情報技術がよく使用されています。

タや指令を受け取る入力機構と，演算処理結果を表現する出力機構で構成されるユーザインタフェース (user interface) と呼ばれる窓口を通して，人間とコミュニケーションしています。入力されたデータは，演算機構が処理可能なデータ形式の電気信号に変換されて演算機構に送られます。その電気信号は，演算手順であるプログラムを保持する制御機構からの指示に従って演算処理されます。処理された電気信号は，演算結果として記憶機構に送られて保存されたり，出力機構に送られて利用者である人間が理解できる表現形式に変換され

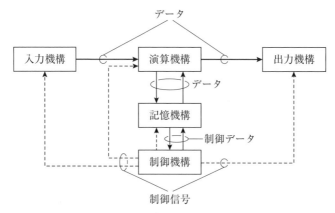

図 3.1 コンピュータのデータ処理

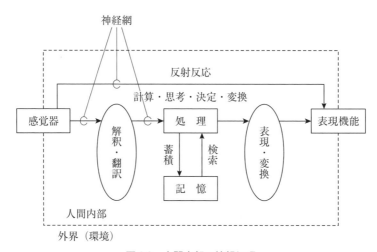

図 3.2 人間内部の情報処理

提示されたりするわけです。

　このようなコンピュータの仕組みは，図 3.2 に示した人間の情報処理活動を非常によく模倣しています。人間は，五官としての感覚器官と表情や発声，身体の動きなどによる表現機能を通して外界と情報をやり取りしていると捉えることができ，このプロセスを見る限りは図 3.1 とよく似ています。しかし，読者のみなさんの多くは，情報の解釈・翻訳や表現・変換における感情的かつ情緒的な対応にこそ，機械的な情報処理と異なる情報行動の人間性を感じ取ることでしょう。コンピュータはプログラムされた処理手順に従ってデータを演算処理するだけですので，むしろ本質的には，運動や経験的慣習としての反応のように，脳での理知的な情報処理過程を経ない感覚刺激の伝達過程で無意識に表出される反射的な所作の方が近しいとさえいえます。

　そうではあるものの，定型的なルーチンワークの従事者に期待される情報システム機能は，獲得した情報を理性的かつ論理的に解釈した上で整理・記憶し，問いかけや要望に関連づけて回答するということであり，人間性を顕示する情報の解釈・翻訳と表現・変換の過程は形式的な処理となるため，双方の差異は大幅に減少することとなります。しかも，コンピュータの仕組みで特徴的なのは，一連の機構を統括する制御機構を通して，制御手順であるプログラムを逐次的に解釈し，プログラムに指示された処理を各機構に実行させることができることです。ある処理目的を達成するために，各機構を順序立てて作動させるプログラムを用意することにより，人の理性的かつ形式的な情報行動を模倣し，代行できるわけです。そのため，情報メディアの成立以前に長きにわたって人間が担ってきた情報システム機能を，コンピュータで実現できることとなったわけなのです。

3.2　デジタル情報技術による情報システム機能の変革

　コンピュータによる情報システム機能の実現は，コンピュータの情報処理能力の高さだけでなく情報や情報システムを人々に認知させ，それを意識させることにもなりました。このコンピュータを基盤とした情報システム (CIS: computerized information system)[2) は，コンピュータ技術の発展とそれに伴

う技術適用の範囲の拡大，さらには通信技術との融合による情報通信環境へと
その広がりを見せています。今日の情報システムは，むしろCISであること
が当然であり，それなしには語れないほどに，人々の日常生活にコンピュータ
技術が普及浸透しています。その発展は目覚ましいものがあり，図3.3に示し
たように，1940年代半ばにコンピュータが開発されて以降，約半世紀ほどで
広く社会に普及し浸透してきたことがわかります。しかも，その技術的進展は
今日なお衰えていませんし，私たちの目に触れない仕組みとして広範囲に浸透
し，日常的に利用する多様な機器にその技術が組み込まれて，知らず知らずの
うちに日々利用させられてさえいるのです。

　そもそも，電子計算機として開発されたコンピュータが今日のように活用さ
れ発展し続けているのは，単にその情報処理能力が優れていたからというわけ
ではありません。図3.3に示した発展経緯からもわかるように，コンピュータ
技術は社会が要請する情報システム機能に応えるかたちで開発され，その導入
によって社会が変容することで新たな要請が生ずる，というような相互作用の
中で共に発展してきたことこそが要因といえるのです。コンピュータ技術によ
る情報システム機能の変遷をマクロな視点から眺めてみると，それは図3.3に
示すように，以下の3つの側面で変化してきたことがわかります。なかでも，
①のコンピュータの基盤となる電子演算機構や記憶機構を構成する電子素子の
小型化と高性能化に関わる技術の革新が核となり，それを用いた情報システム
機能の構築形態（②）や利用形態（③）を大きく変貌させてきたのです。

　　①電子素子の小型高機能化
　　②システムの仮想化
　　③システムの利用形態の多様化

電子演算回路技術の発展

　開発当初に使用されていた電子素子である真空管は，白熱電球と同様の構造

---

2)　現代社会における情報システムはCISであるのが当然で，多くの人々の認識通りでもあ
　　りますから，学術的用語として以外はCISという用語は聞かれません。なお，本書の主
　　題である人々の社会生活でのメディアコミュニケーションの営みとして形作られる「情
　　報システム」と区別するため，その基盤であるコンピュータによる技術的な仕組みを
　　「情報処理システム」と呼んでいます。

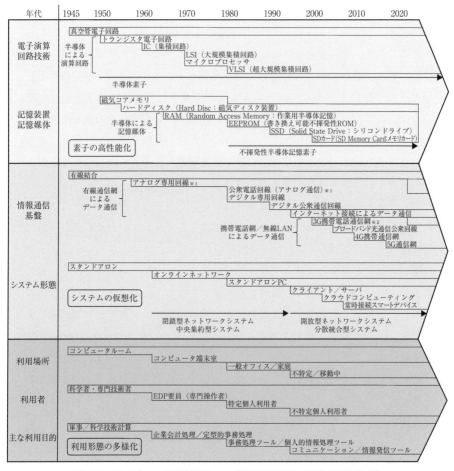

図3.3　コンピュータを基盤とした情報システム (CIS) の発展経緯

※1　NTT のアナログ回線は専用回線，公衆回線ともに2024年1月に廃止済み。

※2　au は2022年に，ソフトバンクは2024年1月にそれぞれ廃止済み。NTT ドコモは2026年3月に廃止予定。

であることから，多大な電力が必要とされるだけでなく，本体も高温になって正しく機能できなかったり，暑い日には作業環境としても厳しいものでした。しかも真空管の寿命が短く，多数の真空管を用いるコンピュータではその寿命による球切れ交換が頻発していましたし，素子が大きいため本体も大きくなら

ざるを得ませんでした。半導体技術が確立されて真空管に代わるトランジスタが開発されたことにより，これらの問題状況が大きく改善され，コンピュータは大きな一歩を踏み出すこととなります。特に，トランジスタに続く集積回路の開発は，電子素子の信頼性向上と高速化とともにコンピュータ本体の小型化と電力消費量の削減にも大きく寄与して価格対性能比も向上させました。ただし当時のコンピュータでは，データを穿孔した紙製のテープやカード，磁気テープなどの媒体を用いなければ，多量のデジタル情報を長期間保存することができませんでした。しかし，そのような外部の記憶媒体を用いても，人の手作業とは比較にならならいほどに情報システム機能としての能力を向上できたのです。そのため，業務遂行に十分な記憶容量を持った磁気ディスク装置が生み出されると，行政機関や多くの企業でコンピュータの利活用が盛んに模索されるようになり，CIS としての情報システムが脚光を浴びるようになっていくのです。さらに，懸案であった演算速度の向上に見合った速度で読み書きできる半導体メモリも実現され，磁性体を用いた磁気コアによる主記憶と置き換わることでコンピュータの処理速度や演算能力が格段に向上し，情報システム機能にも反映されていきます。

　電子素子はその後も LSI (large scale integration)，VLSI (very large scale integration) というように年を追うごとに集積密度を高めると同時により複雑な演算を高速に処理できるようになっていきます。やがてそれは，1 つの集積回路にコンピュータの基本機能を実装したマイクロプロセッサの登場へとつながり，通信装置をはじめとする多くの電気機器へ目に見えない形で組み込まれるようになっていきます。しかも集積度の向上は，幾多の限界を乗り越えてとどまることを知らず，当初の VLSI をはるかに上回る密度の ULSI (ultra large scale integration)，さらにそれを超える集積密度へと半導体製造技術は今なお発展し続けているのです。そのため現在では，電子素子の集積密度の差異を峻別せずに VLSI と総称しています。

記憶装置・記憶媒体の性能向上

　電子素子の集積密度の向上は，複雑で精密な動作機構を持つ電気機器の実現を可能としました。その効用として，多量のデジタル情報を長期間保存可能で高速に読み書きできる小型のハードディスク記憶装置や可搬性に優れた磁気や

光によるディスク型の記憶媒体が開発されてきました。電子素子は，記憶回路
や記憶装置の性能向上に貢献できたものの電源を切ると保持した情報が揮発し
てしまうため，記憶媒体とはなりませんでしたが，やがて電源がなくても自身
の状態を保持し続けられる電子素子が開発され，それを用いた記憶媒体である
半導体メモリの可能性が模索されるようになります。特に，電気信号で記憶情
報の書き換えができる EEPROM の開発とその実用化は，ディスク型記憶媒体
に代わる高速で大容量の記憶媒体として注目され，写真や音楽など大容量のデ
ジタル情報メディアを記憶するために広く用いられただけでなく，既存の情報
メディアをデジタル化して保存することを推進することにもなりました。

　このような電子素子の技術進展（①）に最も強く影響を受けて大きく変容し
たのが情報通信技術といえましょう。その変容とは情報システム機能をいつど
こからでも利用できるような通信環境の実現と普及であり，逆にその環境はそ
のシステム形態をも物理的な存在から通信ネットワーク上で機能を提供する仮
想的な存在（②）へと変えました。また，情報システム機能の利用形態も不特
定多数の人々による明示的な問い合わせからアプリケーションソフトウェアを
介した暗黙的な作業連携まで多様化（③）していきます。

情報通信基盤の発展

　コンピュータの通信機能としては，当初，本体を構成する周辺装置を直接電
線でつないで，本体内部のデジタル信号をそのままの形式でやり取りする程度
のことでした。やがて，遠隔地でデジタルデータを入力したり処理結果を出力
させたりするために，通信事業者が提供するアナログ信号による専用回線を利
用して，遠隔地に設置した入出力装置とやり取りするようになります。音声の
ようなアナログ信号を介してデジタル信号をやり取りするこの方式は，信号を
変換するための変復調器が送信側と受信側の双方に必要で，しかもアナログ通
信基盤であることと相まって通信容量は微々たるものにすぎませんでした。た
だし文字中心の当時の通信ニーズには十分で，コンピュータの設置場所に制約
されない画期的な情報システム機能であったことは想像に難くありません。

　電子素子の進展に伴うコンピュータ技術の応用範囲の拡大により，通信基盤
の制御や運用への技術導入が進んだだけでなく，デジタル信号による通信技術
の開発も進み，通信環境は劇的な変貌を遂げることとなります。デジタル通信

は，単にデジタル信号化した通信にとどまらず，通信基盤に組み込まれたコンピュータでの信号処理により通信品質や容量を高めたり，欠損を修復したり，通信路の障害を回避したりすることができます。つまりそれは，通信基盤自体がこれらの高度な通信サービスを司り提供する情報システムになることを意味していたのです。しかしこのような革新的な情報システム構築であったがゆえ

===== **半導体メモリ** =====

　半導体集積回路の集積度向上に伴い 1960 年代に登場した半導体メモリは，任意に情報を読み書きできる RAM (random access memory) と記憶情報を読み出すだけの ROM (read only memory) に大別され，RAM はさらに SRAM (static RAM) と DRAM (dynamic RAM) とに分けることができます。一般にコンピュータの演算速度を左右する主記憶の「メモリ」として話題に上るのは後者の DRAM です。DRAM は集積回路上のコンデンサという微細な充電池に情報を記憶する簡単な仕組みで，1bit（3.3 節参照）ごとに数個のトランジスタが必要な電子回路のフリップフロップ (flip-flop) で構成される SRAM に比べて，同じ集積密度でより多くの記憶回路を実装できるため多用されています。ただし，DRAM は dynamic（動的）の名称通りにコンデンサの記憶保持時間が短いため，記憶を更新し続けるリフレッシュ回路が必要です。RAM は揮発性メモリとも呼ばれ，電源を切ると記憶内容が失われてしまいます。

　一方，回路配線で情報を保持させていた ROM は，1970 年代に電荷を貯めて情報を記憶し，紫外線の照射で電荷が放出されて記憶を消去できる半導体素子が発見されたことから，読み書き可能な EPROM (erasable programmable ROM) が開発されました。EPROM は不揮発性記憶素子で電源不要で情報を長期間記憶できますが，RAM のように随時書き換えられませんので，コンピュータ本体に組み込まれる基本システムプログラム (BIOS：basic input/output system) の記憶媒体のような用途に利用が限定されていました。しかし 1970 年代末に電気的に記憶情報を消去して書き換えられる EEPROM (electrically erasable programmable ROM) が開発されると，半導体記憶素子がそれまで長期の記憶媒体として主流であった磁気やレーザー光によるディスク媒体に取って代わる道が開かれます。その先駆けは 1980 年に東芝の舛岡富士雄が開発したフラッシュメモリ (flash memory) といえ，EEPROM を実用的な速度で情報を書き換えられる構造に組み入れたことで，簡便で大容量の記憶媒体として世界で注目され，SD カードや USB メモリなどが開発され普及していきました。さらにそれらは，デジタルカメラやデジタルオーディオプレーヤー，携帯電話などの記憶媒体としても広く用いられ，同時にそれらの機器の用途をも拡大させました。2000 年代中頃からは，PC のハードディスクに代わり，シリコンドライブや半導体ドライブとも呼ばれる SSD (solid state drive) も広く用いられるようになっています。

に，多くの新規システム導入事例と同様に困難な事業であり，既存のアナログ通信機器との整合や移行コストなどが障害となって容易には進みませんでした。そのため，デジタル通信網のサービスも振るわず，企業や行政での専用回線利用を超えた社会全域での基盤とはなりませんでした。

その大きな転換点が，インターネットの登場です。インターネットはデジタル専用回線で構築されたコンピュータ技術の研究開発用ネットワーク[3]を核としつつも，個々の研究者たちのサーバコンピュータをアナログ公衆電話回線で結ぶことによって，草の根的に利用範囲を拡大できる開放型ネットワークシステムであったことが大きな普及要因となっていたからです。いわばインターネットは，利用者の利用者による利用者のための情報システムだったわけなのです。しかも当時，その研究者以外の社会の大多数の人々にとって，インターネットは未知の存在で興味も持たれていませんでしたので，事業推進の足かせとなる反対意見も聞かれず，情報システムとしての有用性を体感した多くの研究者が献身的にネットワーク構築に参画することで，一気に世界中への広がりを見せたのでした。やがて，世論に押されるかたちでインターネットが一般社会へ解放され，その普及と爆発的な利用拡大がデジタル通信網の整備を加速させることとなったのです。

一方，電話回線網も携帯電話の登場により同様の転換点が訪れます。携帯電話はデジタル通信環境の構築により実用性が高まり，端末の小型化とも相まって広く普及したからです。つまり，携帯電話網として新たに構築されたことが，結果としてデジタル通信網の普及と整備につながったわけなのです。このようにしてデジタル通信環境が整備されたことが，やがてインターネットとの相互接続が可能な第 3 世代 (3G) 携帯電話の登場へとつながります。それにより，インターネット接続されたサーバが提供する WWW のような情報システム機能は，不特定利用者が利用場所を問わず移動中でも利用可能となったのです。

---

3)　研究開発用に接続が制限されていた背景には，核となっているネットワークが米国国防省の高等研究計画局が資金提供して構築した ARPANET（Advanced Research Projects Agency NETwork）であったことがある。

システム形態と利用形態の多様化

　インターネットの普及は，システムの利用形態にも大きな変化を及ぼします。まず，情報システム機能の提供者／利用者の関係性が，それまでのホスト（host：主人）／スレーブ（slave：奴隷）からサーバ（server：奉仕者）／クライアント（client：顧客）へ呼称が変化したことに象徴されるように，利用者が主体となって情報システム機能を選択するかたちに主従の立場が逆転してしまいます。それと同時に，不特定な受信者に対する放送が中心であった無線通信

=== ムーアの法則 ===

　大規模集積回路の集積度の長期にわたる増大傾向は 1965 年にゴードン・E・ムーア (Gordon E. Moore) が経験則として示したムーアの法則 (Moore's law) として知られています。ムーアは当初 10 年後の 1975 年を見越して集積回路の部品数が毎年 2 倍になると予測しましたが，1975 年を迎えて部品数が 2 年ごとに 2 倍に増加すると予測を修正しました。この予測は次の 10 年間を見据えてのことでしたが，図に示したように 1985 年を超えた今日までほぼ予測に従った形で集積度が成長してきていることがわかります。

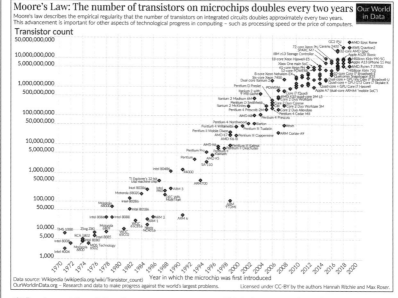

出典：http://ja.wikipedia.org/wiki/ ムーアの法則（Zelo101（2020），CC BY-4.0）

も，デジタル化された携帯電話網や無線 LAN の普及によって特定の利用者間での通信に利用できるようになり，世界中の人々がいつどこでも電話や電子データを受発信できるまでに大きく変貌を遂げています。さらに，場所に制約されないデジタル無線通信環境とインターネットの融合により，インターネット上に遍在する情報システム機能としてのみ認識され，具体的なサーバやその構成要素などのシステム的な境界を，利用者に意識させずにいつどこからでも情報システム機能を享受できるクラウドコンピューティング (cloud computing) 環境へと発展していきます。このようなシステムの仮想化に伴う利用形態の多様化は，個人が携行して常時インターネットに接続されたスマートフォンやタブレット型 PC などの普及により，今日ではむしろ日常的な風景となっています。

3.3　デジタル情報技術のアナロジー

コンピュータは電子計算機とも呼ばれるように高速に多量の数値計算を処理できる機械ですが，その核となる部分は電子素子による多数のスイッチの集合体とそのスイッチの ON/OFF を制御する論理演算機構から構成されています。コンピュータでは，この1つのスイッチを情報単位として 1bit（ビット）と呼んでいます。スイッチには ON/OFF という2つの状態しかありませんが，例えば8つ集めて 8bit とすれば，その ON/OFF の組み合わせパターンは 256 $(=2^8)$ 種類ありますので，数値として扱うなら 0 ～ 255 までの整数値を表現でき，文字コードとして扱うなら 256 種の文字を表すことができるわけです。このようにして，それぞれの状態を示すスイッチのパターンに数値や文字としての意味を与えることで，人間が解釈可能な情報を表現しているのです。

コンピュータはこのようにして表現された，ある情報の状態 A を別の状態 B に遷移させるよう論理的な演算を施すことで，種々の情報処理を実行しています。例えば，ON を 1，OFF を 0 として，そのスイッチ列を2進数表現の数値と意味づけ，それらを加減乗除した結果を示せるような論理演算手順を組み込むことで，数値を計算しているように振る舞わせることができます。このように，コンピュータは内包しているスイッチを然るべき手順で高速に切り替え

るように設定することにより，多様な情報処理を模倣（シミュレーション：simulation）できるのです。しかも，一度に扱える bit 数を増やすことでより詳細に分類可能な状態数を得られるため，きめ細かく対応できるよう処理能力を高めてきたのです。同様にして，画像は細かく刻んだ画素 (pixel) ごとに色や明るさを詳細に計測することで，また音声は細かい時間間隔と尺度で音量を計測（サンプリング：sampling）することで解像度を高め，しかも収集した数値データを画像や音声としてより忠実に再現することにも寄与したことから，多様な直感的メディアを取り扱えるようにもなってきたわけです。

　しかし，一見万能そうなコンピュータでの情報処理には，シミュレーションであるがゆえの特徴と限界があります。その一つが，整数値でなされる計算処理に関することです。bit 数で限定される値の範囲で計算させる必要がありますし，割り切れない計算結果は表現可能な範囲で切り捨てられてしまいます。このような限界を緩和するために 1.23×10^3 のように小数点の位置を移動させる表現方法もありますが，やはり数値は有効な桁数で切り捨てられたり四捨五入されたりしてしまいます。このように，コンピュータによる数値計算の正確性はあくまでも実用的な意味でのことであり，π や分数などを用いた代数学的な正確性とは異なっているのです。

　さらに注意すべき点としては，コンピュータが司る情報システムである CIS に扱わせるために，情報を測定値としてデジタル化したり類型項目に分類することで定型化したりすることが挙げられます。そもそも自然界に存在する情報

＝＝ 論理演算としての数値計算 ＝＝

　２進数の加算は，以下の４種類しかありません。しかも加算する２つの数値のどちらかが１のときだけ計算値が１になる排他的論理和になっています。また，桁上がりがあるのは双方ともに１のときだけですから論理積になっています。このようにコンピュータの数値計算は論理演算として処理されているのです。

					(排他的論理和)			(論理積)		
0	0	1	1		計算値：A⊕B			桁上がり：A・B		
+0	+1	+0	+1			0	1		0	1
					0	0	1	0	0	1
0	1	1	0 (計算値)		1	1	0	1	1	0
0	0	0	1 (桁上がり)							

は，そのほとんどが連続的および相対的な感覚刺激で数値的に捉えにくいアナログ量です。物質の大きさや重さ，形状などはもとより，人間の情報収集器官である嗅覚，味覚，触覚，聴覚，視覚といった五感に関連した刺激もアナログ量です。それは完全に同じ状態のものを見つけることも，またそれを完全に再現することも不可能なことを意味しています。

　そこで人間は，元来アナログ的な情報を扱いやすくするために客観的な尺度を作り出し，その尺度に従ってデジタルな数量として表現してきました。それらは，はじめはすべての人が日常的に接し，かつ直感的に理解できる人間の指や腕の長さ，体重などの標準的な量を基準として数量化されていました。しかし，その具体的数量には民族あるいは地域性による身体的および文化的な差異がありましたし，単位系も十進法に限らず種々存在しましたので，それらを統一するためより抽象的な尺度としての標準単位系が制定されるようになったのです。今日では国際標準化機構 (ISO：International Organization for Standardization) によって，多くの国で通用する共通の単位系が定められるまでに標準化されています。さらに，科学の進展につれて，その研究や議論に不可欠な時間や温度についても同様にして統一的な基準が決められています。

　しかし，人間が直感的にデジタル化できるのは長さや重さ，温度の高低，光や音の強弱などの単純な物理量だけで，音声や画像などのより複雑な物理量や化学変化の度合いなどについては，誰でもが客観的な物差しを自由に使える状況ではありませんでした。そこで，画像や音のように数量化できない情報は，自然のアナログ量を，人間自身が扱いやすい別のアナログ量に変換して保存，再生してきたのです。例えば，写真や録音技術などでは，光や音の強弱などを化学的変化の強弱や電気信号の強弱，レコードの溝の凸凹などに変換して記録しています。

　アナログ量が相対的であいまい性を含み情報全体で意味をなすのに対して，デジタル量は単一尺度による絶対的な表現です。このため，デジタル表現に変換してしまえば保存性に優れ，高度な数値演算処理ができるのです。しかし，デジタル量は人間が規定した物差しによって，アナログ的現象を無理に数量化した仮の姿にすぎません。そのため，アナログ量はデジタル量として完全には表現できず，尺度に合わせた丸めや切り捨てなどの測定時に生ずる誤差を回避

できません。しかも，本来連続的であいまいな情報が離散的で機械的な量となってしまうのです。それにもかかわらずデジタル量が用いられる理由は，ある大きさや量の概念を普遍的に記録したり，他の人に示してお互いに共通の認識を持つのに大変有用だからです。特に人間の感覚は相対的なもので，人それ

=== アナログコンピュータ ===

アナログコンピュータはデジタルコンピュータのようにスイッチの ON/OFF ではなく，電子回路の電圧変化というアナログ量を用いて演算します。そのため，簡単な回路で素早く演算することができる一方で，結果の精度は粗く，誤差も多く含むという欠点があります。しかし，四則演算だけでなく，図に示したように単純な素子の組み合わせで微積分も解けますので，素早く微分方程式を解かなければならない航空機の航行制御のような分野で多用されてきました。近年では，デジタルコンピュータの高速化，小型化，低価格化によって，これらの分野でも必要な精度と速度を持つ小型のデジタルコンピュータを妥当な価格で使用できるようになりました。そのため，現在ではほとんど用いられていません。

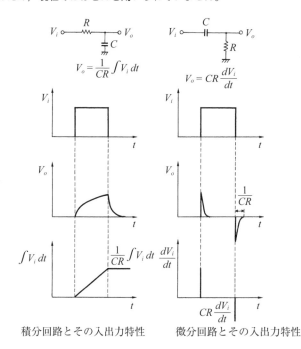

積分回路とその入出力特性　　　微分回路とその入出力特性

====== ラインディスプレイとプロッター ======

　コンピュータで図形や画像を扱うコンピュータグラフィックス (computer graphics) の取り組みも，当初はアナログ的になされていました。当時のディスプレイは，テレビ受像機とは異なり，ブラウン管 (CRT：cathode ray tube) を使用した電気計器であるオシロスコープ (oscilloscope) を大きくしたような代物で，ペンで図形を描くように画面の輝点を光らせる電子ビームを動かして表示させるものでした。このベクタースキャン (vector scan) 方式のディスプレイはアナログ的であったため，当時の技術水準でも機械や建物の設計図のような精密な図形を表示することが可能でした。同様に，紙面への印刷もペンを動かすことで図形を描く XY プロッターが用いられ，繊細な線による設計図面が作成されていました。これに対して，テレビをはじめとする今日のディスプレイは，図像を画面上に規則正しく配列された微細な画素に位置づけ，すべての画素を順次光らせることで表示する，いわばデジタル的なラスタースキャン (raster scan) 方式です。そのため，解像度が粗い当時のディスプレイでは，図像はおろか文字さえも鮮明に表示できませんでした。画面解像度が 100 万画素を超える今日では，細かい図形もベクタースキャン方式と遜色なく表示でき，カラー表示も可能なラスタースキャン方式が一般的です。それは 600dpi (dots per inch) 以上の解像度が可能な紙面への印刷でも同様で，写真や設計図面さえも微細な点の集合としてデジタル的に印刷されています。ただしプロッターは，今日でも精度が求められる設計図面の作成や素材の切り抜き加工などの現場で使用されています。また，立体物を作り出す 3D プリンターもプロッター技術の応用といえます。このように最先端の現場では，デジタル技術とアナログ技術とが融合的に組み合わされて用いられているのです。

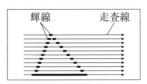

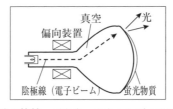

スキャン方式の比較，ベクタースキャンディスプレイの構造
［iTEC 2009］より引用

ぞれで個別的ですから，情報の伝達には客観的な尺度が重要な役割を果たします。また，人間は絶対的な感覚として記憶できませんので，記憶された情報もあいまいになってしまいます。情報を普遍的に記録するためにも，客観的な尺度が有効なのです。

　情報のデジタル化は，このように人間が考案して文明社会の知恵として継承され，改良されてきたのです。ただし，人間が直観的にデジタル化できるのは長さや重さ，温度の高低などの簡単な測定器で計測可能な物理量だけで，音声や画像などのより複雑な物理量や化学変化の度合いなどについては，客観的な物差しを使える状況ではありませんでした。しかし電子技術の進展によって開発された各種の電子素子には，それまで人間がデジタル化できなかったアナログ量を電子的に捉えるセンサーの役割を果たせるものも数多くあり，それを活用することで多くの人々が簡単かつ客観的なデジタル量として取り扱えるようになったのです。

　もう一つの注意点である定型的な情報表現についても，古くから仕事や作業の現場での情報伝達の場面で多用され，現在でもよく見られます。そして，情報を機械的に処理する方法としても，デジタルコンピュータが出現する以前から，情報の定型化手法が利用されてきました。例えば，日本でジャカード機と呼ばれる織機は，18世紀末にジョゼフ・M・ジャカール (Joseph M. Jacquard) が発明したもので，複雑な模様織りの動作をパンチ穴を開けた紙を用いて制御しています。また19世紀後半には，ハーマン・ホレリス (Herman Hollerith) が，同様にデータを穿孔したパンチカードを読み込んで分類，集計できる統計機械を開発しています。

　本来，情報はその形態も形式化できない非定型でアナログな感覚刺激ですから，人間はその意味合いを想起し感じ取れる言葉や文章で表現することで，記録や伝達をしてきました。これに対して機械的に情報を処理するためには，人間が行う意味づけのプロセスを経ることなく，その意味に応じた処理ができる形式での表現が必要とされます。その一つが，本来非定型の情報をいくつかの代表的な項目に分類して，それぞれの項目を特定するコードを付すことで，その項目に属しその項目の意味を持った情報として形式的に取り扱う方法です。そのようなプロセスは情報の定型化と呼ばれ，そのプロセスを経た定型情報は

コードまたはその集合となるわけで，データのコード化はまさに計測できない情報を定型化するための取り組みといえるのです。

　分類の枠組みが定まれば，文字や文章だけでなく，音声や映像さえもその分類名称で仕分けることができ，その名称に番号を付与することでデジタル情報として CIS で扱うことができるのです。ですから，今日では，アンケートの回答や試験答案はもとより，本や店頭に並ぶ商品，レストランの注文，さらには個人を特定する各種の ID や納税者番号などに至るまで，多くの情報がコード番号として表現されています。アンケートや試験も以前は文章で答えるものが数多く見られましたが，集計や分析が機械化されている今日では，その多くが選択肢から選択するかたちでなされることが多くなっています。同様に，本や雑誌には ISBN 番号や ISSN 番号という出版社や出版物を特定する固有番号が，食料品や日用雑貨には JAN コードという製造者や商品を特定する固有番号がバーコードのような機械が読み取りやすい表現形式で付加されています。また，個人を特定する ID は，IC カードやスマートフォンなどの常時携帯することが期待される電子媒体にデジタルデータとして保持されています。

　情報を定型化して形式的に表現することで，その全体像を内容に接することなく外形的に捉えたり，機械的に分類，整理したりすることができます。CISの進展に伴い，数多くの定型的な意味を数値コードとして表現し取り扱えるようになり，以前にも増して定型化された情報が広く利用されるようになっているのです。しかも，多くの情報を組織化することによって情報の価値は増大します。そのため，多くの企業や研究者がコンピュータを用いて大量のデジタル情報を高速に分類，整理することで社会の意識や顧客のニーズ動向などの環境変化を調査してきたわけなのです。

　しかし，定型化もデジタル化と同様に，分類の過程でより詳細な差異は切り捨てられ無視されますから，その段階で重要な部分が欠落してしまう危険性があり，しかも多くの情報が標準化されて画一的に扱われることにもなるのです。そのため，定型情報の範疇に収容しきれない情報やそもそも想定されていなかった情報は捉えることができず，せっかく大量の情報を集めて処理したとしても，そこからは新たな発見を見出すことはおろか，意味のある情報が得られないことさえあるのです。

　またそれは，人の手による文化的な営みや表現などについても同様です。例えば手書き文字には，筆跡や文字の配列などに書き手固有の情報が含まれています。しかし，ワープロが全盛の今日では文章表現の癖としては個性が残されているものの，その文字はワープロが持つ機械的な字体によって画一的に表現されています。同様に，SNS や電子メールでも，文字を表すコードのみが伝達され，機能的である反面，その額面的な意味以外の情報が伝え難いことから，形式的で事務的な印象を与えてしまうことになるのです。そのため，円滑にコミュニケーションするには，相手や目的によって SNS を使い分けたり，絵文字を使用したりすることで，そのメッセージが付帯すべきニュアンスや，やり取りされる雰囲気を作り出すことが求められることになるわけです。

3.4　人を支え，人が支えるデジタル情報技術

　社会生活に不可欠な情報メディアを保存・管理し，要請に応じて提供できる情報システム機能は，CIS が依拠するデジタル情報技術の普及と進展によって大きく変貌を遂げ，今日では，CIS こそが情報システムであると認識されるほどに世間の人々に深く浸透しています。ここで概観してきたように，技術的視点から CIS の機能性や利用範囲などの変遷を捉えてみれば，デジタル情報技術の開発が CIS を発展させ，それに依拠する社会を変容してきたように見えてしまうのも当然といえましょう。しかも今日では，CIS は情報メディアを機能させる仕組みとして欠かすことができませんし，社会自体も CIS を前提に構築されていますから，そのように捉えてしまうのは無理もありません。しかし，デジタル情報技術のような工学的取り組みは，学術的な真理探究を目途とした調査研究とは異なり，何らかの具体的問題を解決するためになされます。つまりそれは，開発される技術を用いた CIS がもたらす社会的効用があらかじめ要請されていたことを意味しているのです。そしてその要請は，技術開発に携わる人々の社会生活における情報システムに対する認識がもたらしているのです。

　例えば，CIS の核であるコンピュータの技術開発とその利用者の関係性に着目して，その変遷を概観するとそのことがよくわかります。コンピュータが開

発された当初の利用者は，専門家に限られており，その処理は定型的かつ論理的な情報に限定されていました。その時代は，コンピュータ自体が非常に高価でしたし処理能力も限定されていましたので，特別な情報処理の道具として価格に見合うよう無駄なく稼働させるために，人間側が譲歩した利用形態だったわけです。コンピュータが普及するにつれて利用者も徐々に拡大していき，オペレーティングシステムやプログラミング言語，対話型システムなど利用者の利便性にも取り組まれるようになります。それでも，大型汎用コンピュータ (mainframe) を中心とした中央集約型の CIS では，コンピュータに対して仕事をお願いするという利用者の立場は変わらず，高価なコンピュータを効率よく稼働させるために利用者が努力していました。

　そのような状況の中で，次第に個人的な興味や目的のためにコンピュータを使用したいという欲求が芽生えてきます。そこで安価に高機能な半導体素子が入手可能となると，利用者の意思で自由に情報を処理させることができるパーソナルコンピュータ (personal computer：PC) の実現を，多くの趣味人が模索し始め，評判の良いものはビジネスとして販売されるようにもなります。個人が自由に情報を処理できる PC の登場は，コンピュータと利用者との関係を大きく変えることとなりました。しかもその低価格化と小型化は，PC の利用者や利用範囲をさらに拡大しましたし，1 人で数台の PC を利用することさえも可能となりました。それは，これまでのように利用者がコンピュータに仕えるのではなく，利用者がコンピュータを召使いのように使える環境に変化したことを意味しています。そればかりか，このような環境変化はコンピュータ利用者に新たな意識を芽生えさせることにもなり，中央集約型 CIS の使いにくさが指摘されるようになりました。そのため，コンピュータネットワークの普及に伴い，個人が使用する PC を中央集約型 CIS と相互に接続して，その一翼を担わせようとする取り組みが活発になさせるようになります。しかもこのようなネットワーク型 CIS は，費用対効果の面でも優れていたことから，中央集約型からの移行が急速に進展しただけでなく，CIS 自体も情報システムとして広く社会に浸透するようになりました。このような社会現象は，コンピュータの大型機からネットワーク化した小型機への移行であったことから，「情報システムのダウンサイジング (downsizing)」とも呼ばれました。

　コンピュータの普及とネットワーク化は，CIS としての情報システムに対する個々の利用者の認知度や利用能力を高め，多種多様な情報処理場面での多様な利用者たちによる自身の情報行動能力の拡大を目指した活用方法の模索を促し，利用範囲をさらに拡大させました。情報メディアをデジタル化した CIS が情報システム全体にもたらした影響を，いつ (When)，どこで (Where)，何を (What)，どのように (How to)，どれほどのコストをかけて (How much)，誰が (Who)，なぜ (Why) 行うのか，という 5W2H の人間の行動視点で分類してみると，図 3.4 のように大きく 3 つの側面における社会的な変化として捉えることができます。いつ，どこでという側面は，利用時間や利用場所，情報流通エリアなどの情報空間に関する事柄で，それはデジタル情報技術の変革とともに拡大し，自由度を向上してきました。何を，どのように，どれほどのコストでという側面は，扱える情報量や情報メディア，その利用コスト，利用可能性などの現実的な利用環境に関する事柄で，それは社会への技術の普及浸透に伴って，より低コストで利用しやすく，さらに多様化した多量の情報を扱い，多様なニーズに応えられるよう利用可能性を拡大してきました。そして，誰がなぜという側面は，利用者のみならず，その組織社会的特性としての情報リテラシや，利用目的，コンテンツなどの情報文化的側面といえ，こちらも人々への情報技術の普及浸透と歩調を合わせて，多様化し理解を広めてきました。

　つまり，CIS の利用拡大が促されてきた要因は，単にデジタル情報技術の機能性だけにあるわけではなく，むしろその技術が照らし出す，旧来の情報メディアに依拠した既存の情報システムの問題点を CIS が前景化してきたことにこそあるといえましょう。CIS の利用によって，個々人が利用可能な情報および知識が増大すると同時に情報処理能力も強化され，デジタル情報技術導入以前の既存の情報メディアに基づいて構築されてきた情報システムの枠組みと人々の情報行動能力とに不整合が生じ，その気づきが解決すべき問題点として認識されることになるからなのです。そのため，図 3.4 に示した社会的変化の動向は，デジタル情報技術により強化された人々の情報行動能力に対応した CIS を核とする新たな情報システムの枠組みとして，情報空間，利用環境，情報文化の各側面で模索され取り組まれてきた経緯とさえいえるのです。

　このような観点から捉えてみれば，デジタル情報技術に社会が要請してきた

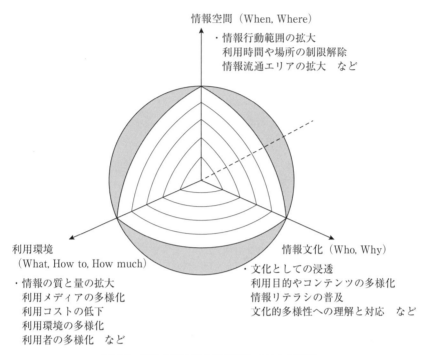

図 3.4　CIS の普及による情報システムの変容

のは，多様な利用者による多様な利用環境やニーズに機能的に応えることであった，ということが浮き彫りになってきます。それと同時に，実は CIS がもたらす利便性や効率性などの表立った効用以上に，その確実な動作性能や正確さといった情報システム機能の信頼性によるところが大きいことにも気づかされます。スマートフォンやインターネットの利用状況からもわかるように，そもそも情報システムは人々の活動に不可欠な情報メディアを取り扱う仕組みですから，常に利用者からの要請に応じられなければなりません。特に，そのような信頼性が強く求められる，交通や通信，銀行決済，行政など，人々の社会生活を支える情報基盤としての CIS は，その導入当初から RASIS と呼ばれる信頼性の5つの指標に着目して開発に取り組まれてきたのです。これらによる実績の積み重ねによって得られた信頼こそが，今日のように社会の隅々まで

多様なかたちで CIS の活用を促し，それを基盤とする社会を作り上げてきたといっても過言ではないのです。

　しかしながら，「情報システムの信頼性の指標」と呼ばれている RASIS は，その内容からも明らかなように，CIS の物理的機構の動作性能に対する信頼性の指標です。その取り組み姿勢や信頼性の対象としてきた機能性の範囲からもうかがい知れるように，情報システムの信頼性は CIS が一手に請け負い，また信頼性に関わる問題の範疇はデジタル情報技術を駆使して CIS 側で対処可能なこととの社会的な認識が見え隠れしています。つまり，CIS を核とした情報システムの信頼性の対象範囲を，いつ，どこでといった物理的な情報空間的事象と，何を，どのように，どれほどのコストでといった客観的方法としての利用環境的事象とに限定しているのです。その一方で，情報システムと深く関わるもう一つの側面として図 3.4 に示した，社会規範やモラル，利用者の意識などの情報文化的事象は，CIS を利用する社会や人々が対処すべき問題の範疇に含めず，取り合わないという姿勢が如実に表れているのです。

　多くの CIS では，利用スキルが低くても容易に利用可能な対話窓口であるユーザインタフェースを用意し，その対話的操作性能の向上を図ってきまし

=== **CIS の信頼性** ===

　CIS を点検・評価するための指標として，RASIS があります。

　　RASIS とは，次の五つの信頼性に関する尺度の頭文字です。
　　R (Reliability)：信頼性…情報システムが障害なく動作すること。
　　A (Availability)：可用性…使いたいときに，いつでも使用できること。
　　S (Serviceability)：保守（容易）性…障害の検出，診断，切離しなどの再構
　　　　　成がしやすいこと。
　　I (Integrity)：保全性，完全性…偶発または故意によるデータの破壊・変更・
　　　　　喪失が起きず，仮に起きても修復できること。
　　S (Security)：安全性…システムやデータに対する不正・不当なアクセスが
　　　　　できないよう保護されていること。

　　　　　　　　　　　　　　　　　　　　　　　　（[iTech 2009] より引用）

　特に RASIS の前半の RAS は計数的な指標として信頼性を評価する尺度ともされてきました。

た。また，人間は複雑な操作のみならず，慣れた単純操作でもミスを犯すことがままありますので，そのようなヒューマンエラー (human error) でシステム全体が致命的な状態に陥らないような措置も，CIS の随所に織り込まれています。一見，これらの対応策は利用者を支援し，利用者との親和性の向上に腐心しているように見えます。しかし見方を変えれば，CIS にとって信頼性低下の元凶となる，非論理的で操作ミスを伴う危険性がある利用者との関わりを極力排して，デジタル情報技術のみで信頼性を担保しようとする取り組みと捉えることもできるのです。CIS の側から見れば，人間行動は機能システムの信頼性を揺るがす不確実性をはらんでいることは事実ですが，利用者を情報システムに悪影響を及ぼす厄介者と捉えてしまうことは，形式的情報を処理するデジタル情報技術こそが情報システムそのものを担うというおごり高ぶった発想ですし，問題解決への根本的な取り組みとはいえません。

そもそも CIS は，人間活動として形作ってきた情報システム機能をデジタル情報技術であるコンピュータに模倣させ担わせる取り組みの中で誕生し，デジタル情報技術の特長を生かし，欠点を利用者側で補い暖かく見守る中で育まれ，それらの得失を改良すべく技術開発が推進されて現在の姿へと至りました。その変遷は 3.2 節で見てきた通りですが，情報システム機能としての情報技術を享受し，新たな技術開発を要請する社会と CIS との関係性は変わらず，むしろ共助の関係へと発展し，より強くなっているようにさえ見えます。その観点から捉えてみれば，デジタル情報技術に要請されているのは，これまで信頼性を獲得するために目指されてきた精緻で隙のない CIS 構築を超えて，「情報システムとしての信頼性」に応えるための技術の開発と適用の方策といえましょう。

その一つとして，情報システム機能のすべての信頼性を正面からデジタル情報技術で請け負うのではなく，その得失を踏まえて強みとなる部分を中心に請け負ったり，物理的機構と組み合わせたりすることでシステム全体の信頼性を大きく向上させることができます。例えば，電子回路によるデジタル処理のみで構成された信号機では，故障時の状態は同じ割合で発生しますので，表示される色も不定です。そこで鉄道の信号機では，フェイルセーフシステムとして機械式の電磁スイッチを組み込むことで，故障時に赤が表示される確率が高ま

るようにしています。つまり，デジタルとアナログのハイブリッド技術により，危険性を回避して信頼性を向上しているわけなのです。このように，デジタルな電子技術だけでなく，多少の利便性を犠牲にしてもアナログな電気技術と組み合わせることで，信頼性やセキュリティは格段に向上します。また近年では，打ち上げから45年以上が経過した惑星探査衛星ボイジャーの稼働状況から，ソフトウェアによる電子的な機構に頼らず，ハードウェアに作り込む物

=== **フェイルセーフシステム** ===

　フェイルセーフ (fail safe) とは，機械装置やシステムの基本的な設計方策やその取り組み全般を意味し，狭義にはそれらの装置やシステムに何らかの障害が発生した際に，人や環境，他の機器などへ及ぼす害悪を最小限に食い止めるために組み込まれる具体的な機構や技法を意味します。この障害時対策として，古くから重力やばね力，磁力などの物理現象が機械装置やシステムの中に巧みに取り入れられてきました。しかし，多くの装置やシステムがデジタル情報技術で実現されるようになったことで，逆にフェイルセーフを改めて意識しなければならない状況となってしまいました。なぜなら，故障時の電子素子の状態は，リレーのように復帰ばねの働きで図のNC端子側で機能停止する確率が高いのに対し，半導体は時の運次第で不定だからです。ですから，故障時には赤信号となる必要がある信号機のようなシステムでは，あえてリレーのような物理的に駆動する素子を組み込んで信頼性を担保しています。

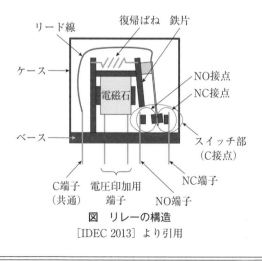

図　リレーの構造
［IDEC 2013］より引用

ブロックチェーン技術

　ブロックチェーン (blockchain) は，デジタル通貨「ビットコイン (Bitcoin)」の基盤である取引履歴を，台帳としてのデータベースに記録する手法として採用されている技術です。デジタル通貨は貨幣と同様に当事者同士のデータのやり取りでなされます。

　そのような取引データを利用者が信頼し，通貨としての価値を担保するためには，改ざんされる危険性を回避するメカニズムが不可欠ですが，ブロックチェーンでは取引データを逐次チェーンのようにつないだ取引履歴をすべての利用者が共有することで不正を検出し特定するのです。具体的には，一定期間の取引データをブロック単位にまとめ，暗号としてのハッシュ値を直前のブロックに基づいて算出して付与したブロックを作ってつなげていきます。その際，まるで参加者全員の合意を得るように，ネットワーク上でチェーン全体を検証し合いデータを同期していくのです。もし，不正なブロックを作成したり，既存のブロックを書き換えたりすると，暗号としてのハッシュ値に齟齬が生じるため，検証ができずに不正なものとして排除されるというわけです。

　しかし，この仕組みは絶対的なものではなく，改ざんコストを高める検証ネットワークの規模に対して不正を働く勢力の計算処理能力が勝った場合には，ブロックチェーンが牛耳られてしまう危険性もはらんでいます。それは，今日多用されている暗号通信技術も同様といえますが，ネットワーク空間を活用して多数決で信頼性を担保しようとする取り組みは，むしろアナログ的な人間的行為に依拠した技術として期待されているのです。

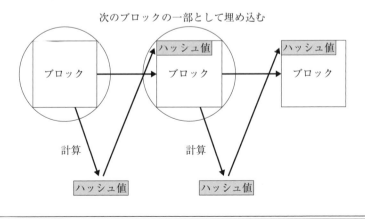

理的機構の信頼性と耐久性が再認識されてもいます。

　もう一つは，対象を CIS が扱うデジタル情報メディアのレベルにまで引き上げ，人間行動を先回りしたシステム構成や構造を取り入れることで，その信憑性や発信元確認などの点で情報システムとしての信頼性を高めることが目指されるべきことといえましょう。そのような事例としては，近年注目されているブロックチェーン技術を挙げることができます。この技術は，これまでのような技術的複雑さによるのではなく，多数存在する複製情報との対比によって信憑性を担保するものです。それは，出版社が市場に出回って回収しきれない出版物に出版責任を負うことで，出版物への信頼性や出版社への権威が社会的に形作られてきたことと似ています。つまり，ネットワーク上に散在して回収しきれない原本となるブロックチェーン情報との比較によって複製や改ざんをあぶり出し，その情報メディアの信憑性を担保する情報システム的なアプローチといえましょう。また，先のハイブリッド的な発想と同様のアプローチとして，すべての処理をコンピュータで取り扱うのではなく，物理的な機構や媒体を介在させたシステムにより信憑性を担保しようとする取り組みもなされています。

　今日，脚光を浴びている生成 AI も，インターネット空間に山積みされたデジタル情報メディアがあってこその機能性といえます。形式知に基づいて AI システムで論理的推論により導き出された情報メディアは一般の人々にとって有益ですが，それ以上に，他者が語り伝える実際の経験談や具体的状況への注意警告を記した情報メディアは，実際の現場で情報行動する人々にとってより実践的で説得力があります。生成 AI は，多くの人々によってインターネット空間に発せられた数多くの実践的な情報や知見を糧にして，利用者の問いかけに対して説得力のある回答を作り上げることができているのです。これも先の事例と同様に，情報システムとしてのデジタル情報技術の適用事例といえ，SNS や WWW といったインターネットを介した人間のコミュニケーション活動と，これまでに培われてきた AI 技術との共助によって成立し，脚光を浴びるほどの能力を発揮できるようになったわけなのです。

演習問題 ━━━━━━━━━━━━━━━━━━━━━━━━━━━━━━

課題1：表計算ソフトウェアでコンピュータによる数値計算の限界を調べてみ
ましょう。

まず，図に示すように，最初のセルに数値1，その下のセルに最初（1
つ上）のセルの数値を2で割る式を入れます。次に，この2番目のセ
ルをその列の一番下のセルまでコピーします。すると，桁落ちの影響
で途中から0になってしまいますが，何行目まで数値が表現できるの
か，最後の数値はどんな数かを確認してください。

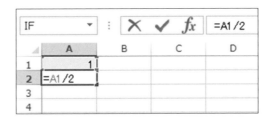

課題2：身の回りでデジタル表現されている情報や定型的に表現された情報を
取り上げ，情報がそのように表現されることのメリットとデメリット
について5W2Hの視点から考えてみましょう。また，それらの得失
を社会的な立場や状況によって整理・分類して，その相違についても
考えてみましょう。

━━

参考文献

市毛明 (1992)『企業成長と情報システム戦略』，中央経済社．

アイテック情報技術教育研究部 (iTEC) (2009)『コンピュータシステムの基礎 第15版』，
アイテック．

情報システムハンドブック編集委員会　編 (1989)『情報システムハンドブック』，培風
館．

加瀬滋男 (1988)『産業と情報　改訂版』，放送大学教育振興会．

長尾真・石田晴久 他編 (1990)『岩波情報科学事典』，岩波書店．

岡島裕史 (2019)『ブロックチェーン：相互不信が実現する新しいセキュリティ』，ブルー

バックス，講談社.

浦昭二・市川照二 編著 (1998)『情報処理システム入門 第2版』，サイエンス社.

Weinberg, Gerald M. (1982) *Rethinking Systems Analysis and Design,* Dorset House（木村泉 訳 (1986)『システムづくりの人間学』，共立出版).

Folger, Tim (2022) "Voyagers to the Stars", *Scientific American,* **327**(1)，p.20（日経サイエンス編集部 訳 (2023)「ボイジャー最後の挑戦：未踏の星間空間を行く」『日経サイエンス』**53**(1)，pp.48-63).

IDEC（2013）基礎から分かる安全機器「第10回：強制ガイド式リレーとは」，日経クロステック，2013年8月26日，https://xtech.nikkei.com/dm/article/LECTURE/20130821/298472/?SS=imgview&FD=-872128077（2024年1月20日閲覧).

第4章
情報システムとしての情報概念

　前章までに概観してきたように，情報を記して伝える媒体やそれらを扱うシステムの進展が文明を興し，その発展を促してきたと捉えることができます。そしてついに，デジタル情報技術を手にした人間は，媒体の物理的な機能性とともにそれを取り扱うシステムとしての仕組みさえも自動機械化し，現代の情報化社会を構築してきたわけです。そのような社会的な文脈の下で日々の生活を営む私たちは，特に気にも留めずに，「情報」という用語を日常的によく使用しています。しかし，「情報とは何か」ということを改めて考えてみると，その概念が明快に定義されていないことに気づきます。それは人々の行動に必要不可欠で，あまりにも日常的に付き合っているため，意識したり考えたりしないからなのでしょう。しかもいざ定義しようとすると，非常にあいまいで多様な概念を含んだ用語であることに気づかされ，定義そのものが困難なことを再認識させられることでしょう。本章では，このように日常的に用いられながらもあいまいな「情報」を捉えるために，多面的な角度からその概念に迫ります。それとともに，機械的または工学的に扱われている「情報」と私たちが日々の営みの中で交わしている「情報」との本質的な違いについて理解を深めます。

4.1　情報の認識

　情報という言葉は非常に現代的な響きを持った言葉として捉えられています。その証拠に，情報社会，情報革命，情報家電など情報と結びついた用語が数多く見受けられます。また，私たちの日常生活の営みにおいても生活情報，企業情報，情報番組，情報誌などのように種々の情報へのニーズが高まってい

ます。このように情報が重要視されるようになった背景には，前章で述べたように，携帯電話やコンピュータのようなデジタル情報技術の急速な進展と，それによる CIS の個人生活環境を含めた社会全般への普及とが大きく寄与しています。今日の私たちは，電話や TV，ラジオの存在は当然のこと，携帯電話やスマートフォン，パーソナルコンピュータ (PC)，インターネット，衛星通信，カーナビゲータなどのデジタル情報技術に囲まれて，それらを常時使用していますし，もはやそれらなしには日常生活が営めなくなっているといっても過言ではありません。

つまり，私たちの社会とはこれらの機材を窓口とする巨大な情報システムであり，私たちはそれらの窓口を通した多くの情報のやり取りによって，そのシステムと相互作用しながら生を営んでいると捉えることができます。そのため，情報や情報技術は生活を営むのに不可欠なことであるという認識は至極当然なことなのです。しかし，私たちの周囲で毎日多量に流通している情報とは一体何か，またはどのように定義できるのかと考えてみると，明確な答えは見つかりません。ある人にとっては，情報誌や TV・ラジオの情報番組で流される内容が情報ですし，また別の人にとっては星のまたたきや地殻の変動，天候の変化，地震の発生のような定常的ではない自然現象こそが情報かもしれません。しかも，多くの人が情報は情報技術によってもたらされる受動的なものとして捉え，第 2 章で見てきたように，社会生活の営みの中で太古の昔から自分たちが形作ってきたことであるという認識はほとんど聞かれません。日頃から情報技術に親しんでいる大学生たちも，その多くが SNS やインターネットサイト，情報誌，TV 番組のような外部からもたらされる既製の情報刺激を認識される情報として挙げています。

国語辞典の『広辞苑』によれば，「情報」とは以下の通り説明されています。

①ある事柄についてのしらせ。

②判断を下したり行動を起こしたりするために必要な，種々の媒体を介しての知識。

③システムが働くための指令や信号。

［新村 2018］より引用

　このことからも，「情報」とは情報技術によって処理されたり，伝達されたりするものだけではないことがわかります。むしろ語意の説明順序から見れば，私たち人間が行動するために必要とされる事柄を広く一般的に指し示しています。そもそも日本語には「情報」という言葉がなく，日本近代史研究でも江戸時代には見出せないとされていますので，この用語は幕末の開国当時から使われるようになったといえましょう。福澤諭吉も明治初期の 1879 年に著した『民情一新』で information に言及するに際して「インフォルメーション」という発音で表記しています。近年の研究では，「情報」という用語が初めて登場したのは，1876 年に刊行された『仏国歩兵陣中要務実地演習軌典』とされています。ただし，この書名からもわかるように，使用開始当時の「情報」は，主に軍事における敵情や戦場の様子などの「情況の報せ」を指し示していました。そのため，information processing が注目され始めた第二次世界大戦後に「情報処理」という訳語を当てる際には，戦時下を彷彿させる言葉として忌み嫌われ反対意見も多かったといわれています。語意の歴史的経緯からもわかるように，今日的な information の訳語としては後付けで，intelligence や data のような諜報内容が「情報」の本来的な意味であったことは，辞書における情報の説明に知識やデータが登場していることからもわかるのです。

　このような意味の多様性は特に日本語で顕著なようですが，概念的で定義が難しい「情報」という用語は，そもそも対象が広く，かつ抽象的です。実際，今日使われている「情報」という言葉の定義は非常に広く，概念としての情報はもちろんのこと，データや知識，さらにはこれらの事柄を伝達する過程や伝達する手段までもが「情報」の範疇に含まれています。1972 年の北大西洋条約機構 (NATO) 会議では，情報科学に関する種々の定義が提示されたのち，某専門家が次のように述べたといわれています。

　　情報という言葉について，いろいろな概念を提示した発表者全員の見解を，細心の注意をもって傾聴した。しかし，各人がそれぞれ他の人はすべて正しいという点で一致していることは，まことに意外であった。

　また，表 4.1 に示した『ユネスコ情報管理用語集』を見ても，「情報」の持つ意味が，状況や，事態，見方など使用される事例によって，それぞれ異なっ

表 4.1 『ユネスコ情報管理用語集』による情報の定義

	日本語	英語
①	伝達される事実。	Fact being communicated.
②	情報の事実，概念を表現するために使用するメッセージ。	A message used to represent a fact of concept by the unity of a data medium and its meaning.
③	人間がデータを表現する際に用いる約定に基づき，データに指定する意味[1]。	The meaning that a human assigns to data by means of the conventions used in their representation.
④	知識を増やすために事実や概念を伝達する過程。	The process of communication fact or conception order to increase knowledge.
⑤	コミュニケーション[2]によって増加した知識。	The increase of knowledge by communication.

1) 指定する意味：ある規定に基づいて蓄積された人間にとって価値のあるデータ。
2) コミュニケーション：文字・画像情報のほか，整理された人間同士の会話情報。

た内容になっていることがわかります。このように情報は，他の人の見方や定義も受け入れつつ，いろいろな側面から捉えられ理解されているため，絶対的な定義が存在しないように見えますし，実際定義できないであろうということなのです。

　ところで，辞書や表 4.1 での説明を概観すると，説明文に知識や，事実，データといった用語が散見されることに気づきます。これらの説明が指し示している対象は，その範囲や位置づけの点で異なっていますが，それぞれの状態や事態の差異に着目した説明といえましょう。そこで，それらの関係が深い用語の意味とそれらが指し示す対象と情報という用語の位置づけの違いについて見てみましょう。まず，知識とは「ある状態や状況に対する既知の因果関係のこと」であり，データとは「実際に起こった状態や状況などの事実をありのままに表現した資料のこと」である，と『広辞苑』では説明されています。これに対して，情報は，知識のように既知なことではありませんし，かといってデータのような単なる事実の表現でないことも明らかです。そこで，情報技術を世に知らしめた機械技術としての定義を見てみると，日本工業規格 (Japanese Industrial Standards: JIS) では，「データとは人間または自動手段によって行われる通信，解釈，処理に適するように形式化された事実，概念，または指令の表現であり，情報とはデータを表現するために用いた約束に基づいて人間がデータに割り当てた意味である」と定義しています。この定義で注目すべきことは，「情報は人間がデータに割り当てた意味」とあくまで人間が主体的に解釈したことであると明記している点です。

　そこでこれらの用語を，使用される時間的位置づけと認識される意味的位置づけに着目して整理してみると，図4.1のように示すことができます。データは，時々刻々発生する出来事や現状などを形式的に表現したものにすぎませんので，大量に存在しているものの，個々のデータには定型的で額面通りの意味しかありません。これに対して，情報はこれらのデータが示す現在までの事実に裏付けされ，人間が読みとった出来事の動向，傾向，関係性などと，それらに基づいた現状の評価，さらには予測される近未来の状況をも指し示しています。そのため，情報はデータよりもはるかに意味深長であり，マクロな「高みに立った」視点から多くのデータが示す事実を包み込んだ「包摂的な」意味合いを付与されたものともいえます。さらにその情報の中で，多くの人や多様な環境，時間的変化に対する普遍性や一般性を持った事柄に関する概念が生き残り，知識として認識され，伝承されてきたわけです。このように，知識にまで昇華できるのは多くの情報の中でもほんのわずかにすぎません。しかしそれゆ

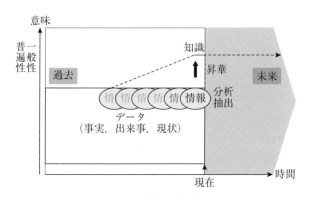

図4.1　情報の位置づけ

えに，知識は時間を超えて未来にも価値を継承できるだけでなく，論理的に未来を考える礎ともなるのです。

　結局のところ，情報メディアがもたらす「情報」とは，その受け手が知らなかったことを知らせてくれる，つまり受け手の無知を減少させる効果をもたらす意味内容を含んだ何らかのメッセージであるといえましょう。しかもその効果は短期的で長くは続かず，周囲の状況とともに時々刻々変化してしまうことさえあります。ところで，情報を得たことで新たな疑問が生じることもままあり，逆に無知が増えたように感じられることもあることでしょう。しかしそれは，その情報が私たちの視点を少し広い見地へと変化させたことによるものです。元の自分は「それを知らない」ことさえも知らなかったわけですから，

=== 「情報」ということばの始まり ===

　情報を造語したのは森鴎外であると一般にいわれてきましたが，近年，その最初（最古）の用例として 1876 年に内外兵事新聞局より出版された『仏国歩兵陣中要務実地演習軌典』での記述が小野厚夫により見出されています。この訳書は，普仏戦争に敗れたフランス陸軍が 1875 年に旧来の陣中軌典を一新して制定した新式の歩兵陣中要務 "Instruction pratique sur le service de l'infanterie en campagne" の歩兵編で，陸軍省の官房御用を務めていた酒井忠恕が約 4 カ月で翻訳して出版したとされています。

　小野は，その軌典に 24 回出現する「情報」の用例を以下のような文節連合の形にまとめ，その用例としては現在と違和感がないことを示しています。

　　情報ノ　伝致，趣，異同，軽重，実否
　　情報ヲ　求メル，欲スル，ナス，得ル，聚束スル，集聚スル，採収スル，伝フル，
　　伝致スル，通知スル，進呈スル，授与スル，送致スル，適切ナラシメル
　　情報ハ　授与セザルナク，報道スルモノ，類似スルモノ，対照スベキモノ
　　情報二　論ナク

　ここでの「情報」の原語はフランス語の renseignement で，酒井は「情報」を敵や地形の「様子」，ないしは「情状の報せ」という意味で用いていたことから，小野は，「情報」は「しらせ」の「報」に「ありさま」の「情」を融合した，和製漢語と見なせると述べています。

　また，小野は，1879 年出版の『民情一新』で福澤諭吉が記した英語の information を指す「インフォルメーション」の用例についても言及しており，「情報」と直接結びつけた用例ではなく，むしろ当時のニュアンスとしては新聞を意味する intelligence に近かったのではないか，と推論しています。

「それを知らない」ということを知れただけでも，やはり無知は減少している
のです。

4.2　情報に対する価値観から見た特徴

　私たちは日常生活の中で多種多様な情報に多数接していますが，それらに対
して感じる重要性やインパクトはそれぞれで異なっています。ですが，個々の
情報に対してそのような価値を判断したり順位づけたりする絶対的な尺度はあ
りませんし，多くの場合は「最も重要な情報はどれか」といった相対的な基準
で情報の価値を測っていることに気づきます。そこで，私たちは情報に対して
どのような価値判断をしているのかを，次に挙げる 4 つの具体例から考えてみ
ましょう。

① (a)　旅客機が墜落した。
　　(b)　トラックが道路から落ちたらしい。
② (a)　6 月の天気予報で「明日は雨でしょう」。
　　(b)　11 月の天気予報で「明日は雨でしょう」。
③ (a)　テレビをつけたら何か番組をやっていた。
　　(b)　テレビをつけたが，何も映らなかった。
④ (a)　コマーシャルで「この製品はすばらしい」。
　　(b)　利用者の声で「この製品はすばらしい」。

　これらの例をそれぞれ比較してみると情報の価値観の違いを認識できます。
まず，①では (a) のメッセージがもたらす情報の方が，(b) のメッセージがもた
らす情報より相対的に価値観が高いと考えた人が多いことでしょう。その理由
は，同じ事故でありながら対象が旅客機かトラックかの違いがあり，旅客機の
墜落はめったに起こりませんが，発生すれば惨事の可能性が高く，知人が乗り
合わせている可能性もないとは言い切れません。しかも，墜落したと事実を断
定しています。これに対して，トラックのメッセージは「らしい」というあい
まいなもので，しかも道路から落ちただけでは搭乗者に怪我さえない可能性も
あります。ただし，仕事の関係などでトラックを常用する知人が多数いる場合

には，旅客機の墜落よりも身近なこととして (b) の方が，価値観が高くなるかもしれません。

②は意見が分かれるところですが，北海道以外の日本，特に関東地方に住んでいる人であれば，(b) のメッセージがもたらす情報の方が価値が高いと受け取ることでしょう。それは，この地方では 6 月は梅雨の季節のため，天気予報で雨が告げられるのは日常的なのに対して，11 月は異常乾燥注意報が出されるほどに雨量が少なく，雨が降ることは珍しいからです。

③は同じく日常性の問題で，現代の日本では衛星放送をはじめとして真夜中でもテレビ放送がなされています。したがって，(b) のようにテレビをつけても何も映らなければ，テレビが壊れているとか，放送局のトラブルとか，何か重大な事件が発生している可能性が高いと受け取ることでしょう。

④は信頼性の問題で，宣伝文句と利用者の声とどちらが評価として信頼を置けるかという問題です。これも見方によって価値判断は変わりますが，(a) の方では一般的に売り手は商品を印象づけようとしますので，その価値を誇張した「宣伝文句」と感じられることでしょう。その一方で専門的見地からの価値を述べていると受け取ることもできます。(b) では一般的には利用者として利用してみた「実際の使用価値」を述べていると感じられることでしょう。しかし「やらせ」や「サクラ」のような「語り」である可能性も否定できません。

このような事例の比較から，情報としての価値はその生起確率の低さ，非日常性，意外性，広域性，一般性，自分との関連，確実度，事件度などに関係することがわかります。そしてこれらの評価基準は，情報の受け手の日常習慣，生活環境，文化的背景，知識量，社会的地位，情報の理解度，付き合いの広さなどにより変わってしまいます。例えば，②は住んでいる地域の気候に依存しますし，③も技術普及の状態に依存します。テレビ放送が始まったばかりの状況では，何も番組が放映されていないことの方が普通だったのではないでしょうか。

伝達された情報は，受け手が認識することではじめて意味を持ちますが，事例からもわかるように，受け手の状況により，その内容や重要度，ニュアンスなどが違ってきます。その理由は，図 4.2 に示すように，情報伝達の過程では個人が持つ意味情報を伝達可能な外部表現に変換することと，それを受け取っ

て認識し意味づけることが必要となるからです。変換や認識の過程は，送り手と受け手のそれぞれの知識や状況によって異なりますし，同様に同じメディアの情報もそれが発信または受信された状況によって意味するニュアンスが異なります。このことは記録した情報を後日自分で読み直す場合にも当てはまりますから，過去の作文や日記を読み返して新鮮な感覚を受けることがあるのです。これは，表現過程と知覚過程に時間的な差があることで差異が大きくなったためといえましょう。

　このように情報を人々の価値感覚に着目して捉えてみると，私たちが認識している情報の特徴として，次の5つのことが見えてきます。

　①情報の価値は相対的かつ個別的である。
　②情報の価値は組織化によって格段に増大する。
　③元の情報は複製によって消耗しない。
　④情報は何らかの媒体によって伝達可能である。
　⑤情報の価値はその周知の度合いによって変わる。

　これらの特徴については，それぞれ以下のように説明することができます。
①情報の価値は相対的かつ個別的である。
　情報は受け手が認識することで初めて意味を持つだけでなく，受け手の状況

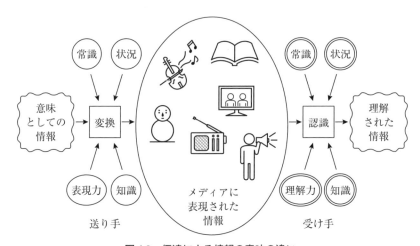

図 4.2　伝達による情報の意味の違い

的要因により，その意味や重要度，ニュアンスなどが違ってきます．例えば，同じ新聞記事でも，ある人にとっては重要な意味を持つ反面，他の人にとっては一顧の価値さえないこともあります．情報の価値を測る絶対的な尺度はありませんし，価値の感覚もその情報を手にした人の状況や背景，入手時期，行動目的などに強く影響される相対的なものといえます．さらにその感覚は，そのときの関心事や興味対象，趣味，嗜好，文化的背景，知識や教養などに依拠しますので個別的です．

②情報の価値は組織化によって格段に増大する．

　一滴の水滴が連続的に滴り落ちることによって石に穴をうがつように，個々の小さな情報が集約されることによってその価値は飛躍的に増大します．例えば，社会調査のように個人の選好や興味，関心を数多く集めてみると，流行やトレンドといわれるような多くの人に共通な嗜好や社会の関心事が浮かび上がってきます．それとは反対に，ある特定個人について嗜好や趣味，家族構成，収入状況など多方面からの情報を収集すれば，その人の生活水準や人物像などのプライベートなことが明らかになってしまいます．

③元の情報は複製によって消耗しない．

　情報は物質やエネルギーなどと異なり，その意味内容を他の人に伝えても元の内容は変わりません．例えば，頭に浮かんだアイデアを他の人たちに伝えても，そのアイデアが頭から消え去らないのと同じです．情報を伝えることも情報を複製することであり，それによって元の情報が減ることはないのです．そのことが，情報のやり取りに対価を払うことに多くの人々が疑問を感じてしまう要因ともいえましょう．デジタル情報技術は複製時の情報の劣化を大幅に減らすため，その普及によって原本と複製との区別が付きにくくなっただけでなく，複製作業も簡素化し手軽にできるようになったことから，アイデアや著作物などの社会的に価値を認められている情報の権利保全や流通方法をめぐる対策がますます強化されつつあります．

④情報は何らかの媒体によって伝達可能である．

　情報は文字や記号，信号などの物理的・化学的表現を用いて伝達することができます．その伝達には音声のような瞬間的かつ即時的な媒体を通した伝達方法から，図形や文字，記号を石に刻み込むような寿命の長い媒体を用いる伝達

方法まで種々存在します。しかしそれは，人が一度何らかの形で表現した情報は，その意図と関係なく広く伝達されてしまうことをも意味しています。また，その伝達は他者に対するものだけでなく，覚え書きや日記のような，自分自身に対して時間をこえた情報伝達を意図することもあります。

⑤情報の価値はその周知の度合いによって変わる。

　ある情報を数多くの人が知ってしまえば，それは常識的なこととなりますから，社会的には無知を減らすという意義が失われます。しかも，自分には直接関係なくても，他人が知らない，あるいは他人より多くの情報を知っているという優越感に価値を感じる人もいますから，なおさらです。しかし情報は，元の内容を失うことなく複製され伝達されてしまいますから，特に制約を設けない限り，発生から時間が経過するにつれて広く浸透して周知の事実となり，知らしめる意義が失われてしまうことは明らかです。その一方で，はるかな時間が経過して多くの情報メディアが失われ，人々の記憶からも忘却されてしまった事象を伝える情報には歴史的価値が生じます。

　現代社会における情報をめぐる問題は，ここで挙げた情報の特徴に起因しています。例えば情報漏洩は，情報の複製可能性と伝達可能性がもたらしますので，それらの可能性を封じ込める技術や利用方法での対策が求められるわけなのです。また著作権の問題も情報の複製可能性と伝達可能性によるもので，本物と違わない複製ができ，ネットワークを通して流通させられるデジタル情報技術が普及したことで問題がより深刻化しています。そのため産業界では，情報を経済的な財と見なし，著作権や工業所有権に関する法律の力を借りて権利を主張し保護しています。その制度や法的根拠に基づいて，印税や，著作権使用料，特許使用料などの形態で情報の金銭的価値も認知されているわけです。その一方で，デジタル情報技術の進展と普及は，デジタル化された情報の権利を保全し不当な使用を防ぐ手立ても無力化してしまいますので，技術的および法的にさらに強化された実効力のある対策が，以前にも増して強く望まれるようになっています。このような状況下で，デジタル情報としての製品である楽曲や映像，文芸作品などの著作物やソフトウェアも，利用者が所有するのでなく，利用契約を結んで料金を支払い一定期間利用するサブスクリプション（サ

ブスク：subscription）方式に急速に移行しています。

　デジタル情報技術が浸透した社会では，情報の価値感覚に対する経済的およ
び社会的な意義は高まり，重要視されるようになりますし，そのことが個人的
にも情報が重要な意味合いを持ち，その価値感覚をさらに高めることにもなる
わけです。その意味からも，現代社会で暮らす私たちにとって，ここで取り上
げた特徴を考慮した情報との付き合い方が重要といえましょう。

4.3 情報の量と質

　情報という用語に対して私たちが抱くイメージは各人各様で，その意味から
しても情報はいろいろな視点から捉えることが可能です。そのため，4.1 節で
も述べたように，情報は明確には定義することができず，その意味内容もさま
ざまに解釈できてしまいます。しかも，多くの場合，人々は情報を日常的に無
意識に処理していますので，あえて認識も議論もされてきませんでした。デジ
タル情報技術が人々の生得的な情報処理機能を支援し拡張させたことで，よう
やく情報が一般的に認知されることとなったため，情報を技術的産物としてイ
メージしてしまうことは無理もありません。しかしデジタル情報技術は，元来
人間が扱ってきた多様な意味を包含している情報を工学的に機械で処理しよう
とするものです。ですから，情報は人文科学や社会科学で取り扱うならともか
く，工学のような自然科学の分野とは基本的には相容れないはずです。

情報の数量的処理

　ところがC・E・シャノンは，情報の意味内容に言及せずに符号化された信
号としてのみ扱うことで意味づけにまつわる問題を巧みに回避し，情報を工学
的に処理する枠組みである情報理論 (information theory) を組み上げました。
それは 1948 年に，米国のベル研究所に所属していたときに発表した論文「通
信の数学的理論 (A mathematical theory of communication)」を出発点として
構築されています。この論文では，情報量の定義，情報量の測り方，言語の持
つ情報量，情報の効率的伝達および蓄積法などについて，数学的に明確な形で
表現した理論が提示されています。シャノンは，情報源から発せられたメッ
セージが送信機で符号化されて，送信信号として通信路に送られ，その信号を

図 4.3　シャノンの通信路モデル

受けた受信機で復号化されて受け手である目的対象に到達する，という通信システムでの情報伝達過程を図 4.3 のように通信路としてモデル化したのです。

　図の通信路には雑音源が存在し，通信信号が影響を受けています。このモデルからもわかるように，シャノンの理論は，どうしたら外乱の影響を排して情報である信号を確実に送り届けることができるかという問題を解決する指針となるもので，符号化された情報を客観的な形で定量的に捉えて議論しているのです。そして，この理論で定義されている情報量については，次のような例を用いて説明できます。分岐点で道が 2 本の道 A，B に分岐していて，A の道をたどれば目指す目的地に到達できるものとします。このことを知らない人がこの分岐点で道を選択する場合，はじめは情報がありませんので正しい道を選択できるかどうかは運次第といえましょう。しかし，自らの経験や何らかの理由で A が目的地への道であるという情報を得たとするならば，そのときこの選択肢の問題が解消されたことになります。シャノンは，このような二者択一問題を解決する情報は 1bit の情報量を持つと定義したのです。bit は binary digit を短縮したものです。例えば，問題の解を知っていれば 1，知らなければ 0 と表現することで，彼は情報量を 0 と 1 の 2 つの状態からなる 2 進数として表現しました。それを組み合わせれば，2bit で 4 つの選択肢を，3bit あれば 8 つの選択肢を表現することができます。つまり，8 つの選択肢がある問題の情報量は 3bit となるわけで，これを一般化して表現すれば，2^n 通りの選択肢がある問題は n bit の情報量となるのです。また，シャノンは情報量とその情報生起確率を用いて，情報の不確実性を表す量として情報の乱雑さの度合いを示すエントロピー (entropy) も定義しています。二者択一の場合のエントロピーは，それぞれが生起する確率によって図 4.4 のような分布となります。生起確率 0.5 でエントロピーは最大の 1 となっていますが，これは YES か NO のどちらが起こる確率も全く等しい状態で，次にどちらになるかを予測するこ

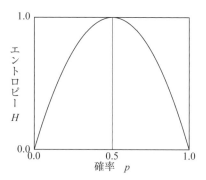

図 4.4 情報量のエントロピーの図

とができない状況，つまり不確実性が最も高く，情報の信憑性が全くない状況を示しています。これに対して両端のエントロピー 0 の付近は，常に YES かNO しか発生しない状態を示しており，情報が確率的に変化せず確実で信頼できる状況にあることを示しています。

　シャノンが扱っている情報は，人の内面的な「こと」ではなく，他者に伝達可能なように記号や信号として身体の外に表現され，外部から人の感覚器官に刺激をもたらす「もの」としての情報メディアです。この「もの」としての情報メディアは，人間の感覚器官を単純に刺激するだけではなく，物理的および化学的な刺激のパターンおよびその変化を伝えるものといえます。元来，人間

＝＝＝ 情報の乱雑度を示すエントロピー ＝＝＝

　一般に n 通りの選択肢から 1 つを選択する場合に必要とされる情報量は $\log_2 n$ と表せます。また n 通りのうちの 1 つが選択される確率 p は，$p = \frac{1}{n}$ ですから情報量は $-\log_2 p$ と表すことができます。n 通りの選択事象がある状況でのエントロピー H は各選択事象が生起する確率 p_i を用いて $H = -\sum_{i=1}^{n} p_i \log_2 p_i$ として算出できます。

　コイン投げやサイコロの目のような確率事象のエントロピーは偏りがない理想状態でランダムな 1 となりますが，通信回線のような人工的システムでの誤り発生確率は通常 0 か 1 のどちらかに偏っています。シャノンは，その特性をうまく利用して伝達された情報の誤りを検出し，訂正する方法も提示しています。その知見や技法があったからこそ，非常に多くの電波が飛び交う現代社会の劣悪な無線通信環境の下でも，混信のような通信障害を起こさずに，携帯電話や無線 LAN が確実に機能する通信基盤が構築できているわけなのです。

はその感覚刺激を，例えば他者に肩を叩かれれば「肩に物体による刺激が加わった」ではなく，「人に呼ばれた」というように意味づけされた情報として解釈しています。このように感覚刺激の解釈はその人の意識や感覚といった主観的なことであるだけでなく，刺激を受けたときの身体的および心理的状況によっても大きく変わってしまいます。シャノンは，このような定量化が困難で不確定な過程を除外し，あくまでも形式的に意味が定まっている符号化された信号による情報メディアを対象として，その正確な伝送に関わる数学的理論を構築したわけなのです。

　シャノンによって切り開かれた情報の計量的な捉え方は，通信のような工学的な領域だけでなく，社会科学的な取り組みの基礎ともなり，例えば経済学では，産業の情報化および情報関連産業という観点から，情報を経済財として捉え，情報が担う経済的役割や価値について考えられてきました。そのような取り組みの一つである情報経済学では，社会的な経済行動を発動させる原動力となる経済的価値を伴った情報を経済財と捉えて，マクロな視点で議論しています。経済財としての情報の範疇としては，経済の動態を示す経済市況だけでなく，研究開発情報や，各種統計指標，ソフトウェア，データベース，特許，権利など多くの種類の経済活動に関与した事象が含まれ，費用と効用の観点からそれらの経済的価値について議論されています。また，ゲーム理論 (game theory) の立場から，人々の経済行動に基づいて経済現象の原理を数学的に解明しようとするミクロな視点からの取り組みもあります。その取り組みでは，複数のプレーヤーが選択可能な経済行動とそれがもたらす数量的な利得をゲームの場として定義し，場の状態という情報に応じたプレーヤーたちの行動による場の状態変化を経済現象と捉えて議論しています。いずれにしても経済学的な取り組みは，シャノンの情報理論と同様に，その意味的内容である質については言及せずに，数量化された経済的価値という形式的な情報に基づいて，経済現象を数理的に分析していると捉えることができます。

情報の質的側面への取り組み

　情報は，その受け手が知らなかったことを知らしめて，無知を減少させる効用をもたらします。ですから，あることを知っているか否かという状態を情報が正確に伝達されたか否かと捉えることで，シャノンは情報を数量的に定式化

することに成功し，理論を構築できたわけです。しかし情報とは，先にも述べたように，人が解釈して意味づけすることで，内面的に形作られる主観的な「こと」であり，情報メディアのように他者が客観的に認識できる形ある「もの」ではありません。しかも情報メディアは，家電製品を操作するリモコンの

=== ゲーム理論 ===

ゲーム理論は，チェスのようなゲームに代表される，相互依存的な状況下にある複数のプレーヤーたちの行動を数理モデル化して数学的に分析するための理論的枠組みで，ジョン・フォン・ノイマン (John von Neumann) とオスカー・モルゲンシュテルン (Oskar Morgenstern) により 1944 年に発表された「ゲームの理論と経済行動」で提示されました。ゲームの対戦状況は，社会での戦略的な意思決定状況をモデル化したものと捉えることができますから，経済学をはじめとする社会科学分野でゲーム理論が注目され，広く取り組まれています。特に，図に示した囚人のジレンマと呼ばれるゲームは，コミュニケーションがない状態でプレーヤー双方が相手の腹を探り合い，次の行動を選択しなければならないことから，実社会の様相を解明する手掛かりを得るためのモデルとして広く議論されています。また，社会学や政治学，心理学などの分野では，ゲーム理論で定式化された数理モデルに基づいて，人々の付き合い方や信頼構築などを被験者による実験を通して解明しようとする取り組みもなされています。しかし現実社会の様相は，例えば 100 円の報酬に対する価値感覚が人それぞれであるように，情報の質的側面にも強く支配されてしまうため，各プレーヤーが同等の価値を認識する質的に統御された利得情報によるゲーム空間の定義が必要とされます。しかも，実験に際しては，一般的なゲームと同様に，プレーヤーに対戦意欲があることが前提です。このような経験に裏打ちされたノウハウが必須であることから，社会科学分野においても多くの有益な知見が得られる実験的手法は，それほど多く取り組まれていないようです。

プレーヤー B

		協調	裏切り
プレーヤーA	協調	A=3 ＼ B=3 （協調しあう報酬）	A=0 ＼ B=5 （裏切り者が有利）
	裏切り	A=5 ＼ B=0 （裏切り者が有利）	A=1 ＼ B=1 （裏切りあった懲罰）

図　囚人のジレンマゲーム
各欄の A ＼ B は，それぞれのプレーヤーの利得。

信号のように，すべての受け手に対して同一の情報刺激をもたらすわけでもありません。つまり，シャノンが定式化した「もの」としての情報メディアの伝達と，現実社会での情報メディアを介した人々の情報刺激の授受とは似て非なることといえるのです。このような観点で情報を捉え直してみると，次の2つの面から捉えられることがわかります。それは，社会を支える情報通信基盤で機械的に取り扱われる，符号化された無機質な信号の媒体である客観的な「もの」としての情報と，日々の社会生活でのコミュニケーションで交わされ，人々の意識形成や意味深長な行動に寄与する主観的な「こと」としての情報です。

　前者は，情報の意味内容を全く考慮しない形式的情報（シンタックス情報：syntax）として捉える方法で，機械的であり，数量的に表現できる量的な情報です。これに対して後者は，情報刺激が示唆し包含する実質的内容である意味的情報（セマンティックス情報：semantics）に着目する一般的な捉え方といえ，数量化だけでなく文字や言葉としても表現が難しい質的な情報です。前者の情報の特徴は物的で，工学的，量的，静的，形式的です。一方，後者の情報の特徴は人間的で，文化的，質的，動的，意味的です。シャノンの情報理論は前者の形式的情報のみを対象としており，情報の意味内容を考慮しないからこそ，定義が困難な情報を工学的に取り扱えたわけです。そして，この理論のおかげで情報通信技術が進展して広く社会に普及できたからこそ，意味的情報が前景化されて人々の意識にのぼるようになり，広く社会で議論されるようになったともいえるのです。

　そのような経緯は，企業や行政のような人間組織の円滑な運営と環境変化への対応のために，いかに情報を用いるかという実務的および実践的な立場で議論がなされている，経営学的観点に立つ社会科学領域の経営情報論での取り組みの変遷からうかがうことができます。企業や行政の実務を担う経営情報システムは，当初は，会計や生産，在庫などの定型的かつ数量的な情報を素早く効率的に処理するという，実務作業の合理化を目指してデジタル情報技術の導入に取り組まれました。しかし，生産工程をはじめとする数量的または定型的な管理業務のほとんどが機械化されてしまうと，その取り組みは「残されている非定型的な業務をいかに合理化すべきか」という課題へと変化していきます。

この合理化とは，それまでのような業務処理の単なる機械化や省力化ということではなく，人と機械の双方の特性を踏まえて相補的な業務プロセスを再構築することといえます。そのため，組織論やシステム科学の知見を援用して，組織や経営システムを本質的な観点から捉え直し，人とデジタル情報技術による相互補助的な形に作り替えようとする取り組みや議論が活発になされるようになります。なかでも，動物と機械をダイナミックな制御システムとして捉えるための先駆的な議論として，ノーバート・ウィーナー (Norbert Wiener) によるサイバネティックス (cybernetics) が注目されるようになります。特に，その系が自分自身を構成していく自己組織過程は，変化の激しい組織環境での，あるべき経営システムとして活発に議論されるようになりました。そのような組織を形づくり運営していくために，日々の業務遂行に必要とされる数量的な情報だけでなく，それらの状況やその変化，さらにはその要因などの質的な情報が重要視されるようになっていきます。

　さらにそのような取り組みは，その組織業務をめぐる環境との相互作用を考慮した，業務組織としてのあるべき姿の創造へと至る取り組み全般を指すように発展していきます。それに伴い，組織経営上の意思決定に役立つ情報とは何かといった経営管理的な視点のみならず，組織で業務にあたる人々が能力を発揮するための情報を提供できているかといった，知的業務の支援環境という視点からも議論がなされるようになってきています。実際，組織業務の遂行で直面する情報処理場面には次のような特徴があります。

① 情報処理の要求は突発的に発生し，しかも非反復的である。
② たとえ情報が不十分であっても，目的とされる意思決定は必ずなされる。
③ 情報の処理に関わる詳細な事項は，担当者に一任される。

　これらは組織業務に限られたことではなく，私たちが日常生活で直面する一般的な情報処理場面での状況と同じといえます。そのような観点から，北欧を中心に，より一般的な組織や社会全般での情報の意味内容に関する質的な側面だけでなく情報メディアおよびそのシステムのあり方についても，経営情報システムの議論の範疇として取り組まれてきています。その成果は，社会の情報基盤構築に反映され，先進的な行政サービスとして実現されています。しかし

=== **サイバネティックスと自己組織化** ===

　サイバネティックス (cybernetics) とは，米国の数学者 N・ウィーナー (Norbert Wiener) が 1948 年に著した『サイバネティックス：動物と機械における制御と通信』（原題：Cybernetics: Or Control and Communication in the Animal and the Machine）において提唱した通信工学と制御工学，生理学と機械工学を総合的に扱うための学問分野の名称で，ギリシャ語の「舵手 (Κυβερνήτης)」を由来とする新語です。サイバネティックス理論は，第二次世界大戦中に J・フォン・ノイマンや C・E・シャノンらとなされた学際研究の中で構想されたもので，数理モデルに基づいた数式として書き表されています。しかし議論の範疇は，動物の神経系から，精神病理学，言語，社会，機械学習，脳波など多岐にわたっています。そのため，多くの研究領域でその成果が参照されてきましたが，組織や経営システムでは，機械の学習および増殖過程の発生に重要な非線形現象として取り上げられている「自己組織系」の議論が注目されてきました。自己組織系 (self-organization system) とは，系 (system) 全体を俯瞰するのではなく，個々の構成要素が自律的に振る舞うことで，結果として秩序を持つ大きな構造を作り出せる系を指します。つまりそれは，自己が自己のメカニズムに依拠して自己を変化させることといえ，環境からの直接的な影響がなくても自らを変化させ得るということでもあります。ですから，自己組織性は環境決定的でも環境適応的でもなく，文字通り自己決定的な性質といえ，組織が自らの構造を自律的に変えることを意味しています。現代では，図のようにさらに環境との相互作用性をも含めた形として発展的に捉えて議論されています。なお，SF 小説を中心に登場した「サイバースペース」や「サイボーグ」，「サイバーパンク」などに見られる「サイバー」という接頭辞は，「サイバネティックス」が起源といわれ，「サイバー犯罪」や「サイバー攻撃」のように，今日ではインターネット空間での出来事を指し示す用語としても使用され，一般化しています。

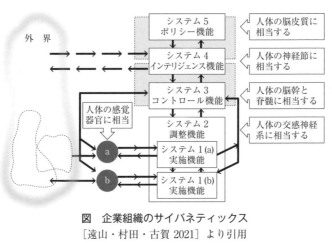

図　企業組織のサイバネティックス
［遠山・村田・古賀 2021］より引用

ながら，これらの取り組みの効果は感覚的で主観的なことであり，数値のように客観的および明確な差異として示すことが困難なことから，多くの場合は形式的で数量的な分析にとどまってしまい，時間と労力を必要とする意味内容の分析には実務的立場からも深く踏み込めずにいるのが実情といえましょう。むしろその反対に，手間のかかる質的内容に踏み込むよりも，携帯電話やスマートフォンの普及で大量に得られるようになった，「ビッグデータ」と呼ばれる，人々の行動履歴データを数量的に分析することを通して，人々の嗜好とともにマクロな社会的動向をつかもうとする取り組みの方に注目が集まる状況にさえなっています。

メディアの理論

　メディアに関する研究は，新聞，雑誌などの紙面での情報流通システムが主導するように見える社会現象との関連性についての研究から始まりました。それは，ドイツの印刷業者，グーテンベルクの印刷術に端を発する出版事業の普及拡大によるものでした。そして 20 世紀初頭に，一般大衆に電気通信技術の普及を促したラジオ放送は，ナチス・ドイツのプロパガンダ放送が聴衆の意識を高揚させ熱狂させて人々を戦争へと駆り立てたように，伝達される情報の意味解釈にも絶大な効力があるものとして注目されました。大戦後も，政治的だけでなく経済的な影響力の観点から，さらにマスメディア研究に取り組まれるようになります。そして，当時，新しいメディアであったラジオが関与していた特徴的な社会現象から，「皮下注射モデル」や「弾丸モデル」のように，メディアの受け手に直接，強力な効果を及ぼすとする理論モデルが構築されます。しかし，ラジオ放送が社会へ普及拡大して浸透が進むにつれ，導入当初の劇的な社会現象はほとんど見られなくなり，20 世紀後半に入るとこのような強力な効果に懐疑的な目が向けられて，その効果の限定性がささやかれるようになります。このような社会の文脈の中で，その効果の視点は受け手の利用と満足へと変わり，受け手の欲求と合致しないメッセージはそのまま受け入れられることはないという，弱い効果のモデルに注目が集まるようにもなります。さらにインターネットが普及し始めてからは，送り手と受け手の双方によって形作られる双方向のモデルへと変貌しています。このようにメディアの理論は，実際の社会現象から始まる社会学として当然のことですが，新たな社会現象が発現したあとで，その現象を説明する論理的な枠組みとして後付け的に構築されざるを得ないのです。しかし，これら議論や取り組みから得られた知見は，過去のメディア技術や環境下でのことであったとしても，メディアシステムの変容が引き起こす社会の様相や人々の意識などを理解し，それらに対処した取り組みを実践する上で数多くの重要示唆を与えてくれます。

　情報の質的な面に関しては，これらのデジタル情報技術を社会に導入する方法やその効用に関する議論とは異なり，情報の意味内容が社会的に広まる様相を具体的な社会現象を通して議論する，社会学の一領域であるメディア研究で取り組まれてきました。社会学およびメディア論での取り組みは，情報の受け手への影響とそれを基軸とした社会現象を対象とした通信における情報の質的な捉え方と位置づけることができ，メディアコミュニケーションに関した事象として議論されています。しかしこれらの議論は，実際の社会現象に基づいて展開せざるを得ないため，マスメディアおよびマスコミュニケーションを対象とした一方向性のコミュニケーションが中心で，相互作用としての一般的な人間同士の双方向のメディアコミュニケーションについての議論や取り組みは，ようやく緒に就いたばかりの感があります。しかし，個々人がスマートフォンのような情報端末を携行し，いつどこからでもインターネットを通じてコミュニケーションできる環境は，原理的に個人の相互作用を活発化させています。それに起因して多くの社会現象も生じてきていますので，このような視点からの議論や取り組みはますます盛んになりつつあり，これらの成果を通して情報の質的な面に関する知見が得られることに期待が寄せられています。

4.4　自身の情報システムが形作る情報の認識

　そもそも，なぜ私たちは日々情報のやり取りをし，それを可能とする情報基盤を持った今日の社会を作り上げてきたのでしょうか。それは私たちが生まれながらにして生きていくための情報行動をしているからなのです。人間には，図4.5に示すように，外界の状況やその変化を感じ取る五官とも呼ばれる感覚器官と，それらが受けた五感としての刺激を脳へ伝達する神経経路とからなる感覚系が備わっています。そして人間は，この感覚系により自身やその周囲の状況を知覚しつつ，その状況に応じた行動をとっているわけです。これは動物一般に備わっている生存のためのシステムですが，動物は単に感覚系で得られた刺激に反応するように受動的な行動だけをしているのではありません。自らの生の営みに必要な情報となる刺激を収集して回ったり，発生源や時間，性質などが全く異なる刺激を関連づけたり，外部に何らかの情報表現をして見せた

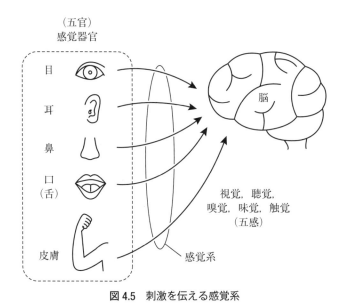

図 4.5　刺激を伝える感覚系

　りというように能動的にも行動しています。しかも人間は，第3章で見てきたように，その長い歴史の中で情報刺激を媒介する情報メディアを生み出し，それを用いた感覚機能や情報行動の能力強化を試みて，種々の媒体やそれらを取り扱う仕組み（システム）を作り上げてきました。そして，そのような媒体やシステムが，また人間の情報行動の範囲や能力を拡大し，新たな欲求を生み出してきたわけなのです。いわば人類の文明の発展は，情報メディアの進展に伴う情報行動能力の拡大とともにあったといっても過言ではありません。

　デジタル情報技術に支えられた高度情報化社会と呼ばれる現代社会は，この延長上にあるわけで，人間の飽くなき情報行動欲求によって来るべくして来たといえるのです。その中で生きる私たちは，例外なく，気がつかないうちに大量かつ多様な情報に取り囲まれて生活しています。そのため，多くの人が情報過多による情報中毒状態に陥っていますので，もし情報が身の回りから消えたり，急に減少したりすれば，きっと心細くなったり，苦痛を感じたりすることでしょう。人間の情報行動には，情報の元になる刺激という「感覚」に対する単純な反応ばかりでなく，刺激を「知覚」して経験や常識などを生かした思考

の末に行動する，といった複雑な反応も含まれています。この「感覚」と「知覚」とは，外界からの刺激を単に刺激として感じるのか，それとも情報刺激と捉えて解釈してその意味を認識するのかという違いがあります。例えば，私たちの目は常に何かが「見えている」状態にありますが，見えるものすべてを認識しているわけではありません。何か興味を引く対象や目的とする対象が「知覚されたとき」に初めて対象を認識しようとして，自分の意識の下で注意して「見る」という行動が呼び覚まされるのです。それがさらなる情報行動を連鎖的に引き起こすことで，「彼は友人だ」とか「今日は天気が良い」というように，解釈され意味づけられた情報として識別しているわけなのです。

　このように「知覚」には「感覚」によって生起されるさまざまな認知の過程が含まれます。それは，手足の動きのような物理的な動作から，経験的または常識的判断のような思考過程までをも包含する複雑な過程です。この知覚の原動力となるのが情報刺激であり，感覚としての刺激に対する人間自身の注意力といえましょう。この注意力には，動物の生存本能に由来する意識下にないことと，自身の興味や関心に依拠した意識的なこととがあります。しかし人間は，何らかの目的を持って行動していないときには，意識的に注意力を発揮することはまれです。むしろ通常は，自分の覚醒を確認する程度にしか感覚に注意が向けられず，感覚の意識さえもたらされないことでしょう。

　その意味からすると，情報とは究極的には感覚器官を刺激する物理的および化学的な作用であり，それをもたらすエネルギーであるといえます（図 4.6）。しかしそれは，私たちの日常感覚としての情報の認識とは大きな開きがあります。このような差異をもたらす原因について，情報現象を正面から捉えた議論を展開している社会学者の吉田民人は，自然発生的な日常的情報概念には全情報現象のごく限られた側面が反映されているにすぎないため，と述べています。吉田は科学的構成概念としての情報概念を以下の 4 つレベルで定義して，日常的な情報概念がごく一部の限られた範疇のみのことであることを示しています。

　①最広義の情報：物質－エネルギー一般の存在と不可分のものと了解された
　　　　情報現象。

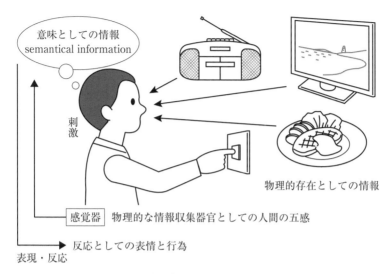

意味としての情報
semantical information

刺激

物理的存在としての情報

感覚器 物理的な情報収集器官としての人間の五感

反応としての表情と行為

表現・反応

図4.6 人の内外での情報刺激の違い

②広義の情報：生命の登場以降の自然に特徴的な「システムの自己組織能力」と不可分のものと了解された情報現象。

③狭義の情報：人間個人と人間社会に独自のものと了解された情報現象。

④最狭義の情報：自然言語に見られる情報概念であり，狭義の情報概念にさらに一定の限定を加えたもの。

　社会学者の正村俊之によれば，吉田の定義における広義なレベルとは，物質－エネルギーのパターンや生命現象のように人知の及ばない自然現象において見出せる情報現象のことであり，狭義のレベルとは人間社会における人々の営みの中で見出せる情報システムのような情報現象が該当するとしています。そして，「出来事に関する知らせ」という日常的な情報概念は，最狭義の情報レベルに位置づけられています。このような情報は，伝達されて，ほぼ一回限りの認知機能を果たし，個人または集団の意思決定に影響する，身体外に表現された記号の集合と捉えられているのです。

　この定義において日常的な情報概念が最も狭義であるのは，4.2節で示した情報の特徴に照らしてみれば，時間的および空間的有効範囲も非常に狭く，個

別的で普遍性に乏しいからであることがわかります。反対に，このレベルでの
情報概念は知覚される意味内容は多種多様ですし，人々の行動に深く関与する
だけでなく，社会全体の様相にまで広く影響を及ぼす可能性もあります。この
ような情報概念の認識の差異を通してわかることは，それぞれの情報概念レベ
ルでの情報現象を捉える視点や範囲が異なっているということです。それと同
時に，吉田の定義で重要なのは，情報概念を「何らかのシグナル」としてでは
なく，「何らかのシグナルの流れ」である情報現象という出来事として捉えて
いる点です。この定義での広義な情報は，第 1 章で示した D・メドウズによる
「システム」の定義にある，「構成要素を相互につなぐ，物理的な流れだけでな
い何らかのシグナルの流れをなすこと」，と捉えることができます。そしてそ
れは，自然現象のみならず，人間社会を形作る情報現象という出来事である情
報システムにも当てはまることをも示唆しているわけなのです。

　その観点からすると，私たちが一般的に得ている情報刺激は，ちょうど生産
工程における原材料になぞらえることができます。私たちは，自身の問題状況
に照らしつつ，知識や経験を動員して，情報刺激という原材料を意思決定のた
めに有用な情報に作りかえ，行動していると捉えることができるからです。例
えば，娯楽目的であれば単に刺激を享受できれば十分でしょうが，意思決定が
目的の場合には，その目的に合致した意味内容をもたらす情報でなければ価値
を持ちません。一般的に情報メディアで伝えられる情報刺激が，その受け手が
必要としている意味内容であることはまれで，多くの場合は受け手が状況に応
じて解釈して意味づけています。

　このような捉え方は，古くからあり，人々の問題と環境認識によって心の中
に情報が形成されるとした，図 4.7 に示すような情報形成のモデルが，エイド
リアン・M・マクドノー (Adrian M. McDonough) によって 1966 年に提唱され
ています。このモデルでは，情報は人々の問題と環境認識の中で形成されるこ
とで，それに伴う行為によって新たな問題と環境が生み出されて新たな情報形
成へと導かれるとしています。つまり，情報は人々の情報活動に依拠する一連
のシステムの中で息づく現象として捉えられています。しかも，このモデルで
の情報は人間が形成するものとされており，人間が潜在的に利用できるデータ
とも明確に区別されています。このことは，情報形成に関わる情報システムは

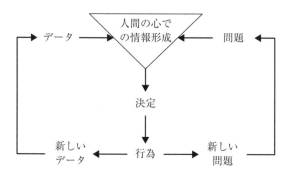

図 4.7　A・M・マクドノーによる情報形成のモデル

社会システム全体に及ぶということをも示唆しています。実際，生活や仕事の
場面では，単にある事柄の知らせとしての情報にとどまらず，その情報に基づ
いた行為に必須となる，使える資金やインセンティブ，行為に伴う結果などに
ついての情報も得られなければ，実際の行動には結びつかないであろうことは
想像に難くありません。その一方で，広告やテレビ CM などでは，まず人々
の注意力を喚起するために，強い音や強烈な発色，おいしそうな食べ物，さら
には性的アピールのような別の本能を呼び覚ます感覚刺激までもが用いられて
います。そして注意が向けられると，それに続く欲望や不安を募らせる情報刺
激によって，心理的に意識的行動を発動させて，このモデルような情報形成の
サイクルが誘発するように導いてさえいるわけです。

　このように，私たちが情報として認識していることは，自身の行動に必要と
される各種の情報形成を司る複合的なシステムとしての情報システムのことで
ある，と捉えることができるのです。その情報システムの中で，情報が形作ら
れ，認識され，行為を通して新たな情報刺激が生じ，消費されていくのです。
そしてそれは，情報システムが「情報」の「システム」のように細分化して捉
えられない不可分な事象であることをも示唆しているのです。

演習問題

課題 1：現在の自分にとっての情報を挙げ，その情報が必要とされている自分の問題状況について考えてみましょう。

課題 2：現代の情報メディアや情報システムをめぐる社会現象や社会的問題を 1 つ挙げ，情報の 5 つの特徴の観点からその発生要因について考えてみましょう。

課題 3：常にうそをつく人は，常に正しいことを言う人と同じく信頼できるということを，シャノンのエントロピーの概念を使って説明してみましょう。また，全く信頼できないのはどのような人かも考えてみましょう。

参考文献

Ackoff, Russell L. (1967) "Management Misinformation Systems", *Management Science*, Institute of Management Sciences, **14** (4), Application Series, pp.B147-156.

Anthony, Robert N. (1965) *Planning and Control Systems: A Framework for Analysis*, Division of Research, Graduate School of Business Administration, Harvard University (高橋吉之助 訳 (1968)『経営管理システムの基礎』，ダイヤモンド社).

Axelrod, Robert (1984) *The Evolution of Cooperation*, Basic Books (松田裕之 訳 (1998)『つきあい方の科学：バクテリアから国際関係まで』，ミネルヴァ書房).

Checkland, Peter and Holwell, Sue (1998) *Information, Systems and Information Systems*, John Wiley & Sons, Ltd.

Davis, Gordon B. (1974) *Management Information Systems: Conceptual Foundations, Structure, and Development*, McGraw-Hill, NY.

Flick, Uwe (2007) *Qualitative Sozialforschung*, Rowohlt Verlag GmbH, Hamburg (小田博志 監訳 (2011)『新版 質的研究入門』，春秋社).

Friedman, Daniel and Sunder, Shyam (1994), *Experimental Methods: A Primer for Economists*, Cambridge University Press (川越敏司，内木哲也，森徹，秋永利明 訳 (1999)『実験経済学の原理と方法』，同文舘出版).

藤田広一 (1969)『基礎情報理論』，昭晃堂.

Gallagher, James D. (1961) *Management Information Systems and the Computer*, American Management Association, NY (岸本英八郎 訳 (1967)『MIS：マネジメント・インフォメーション・システム』，日本経営出版会).

廣松渉 (1988)『哲学入門一歩前：モノからコトへ』，講談社現代新書 0916，講談社.

情報処理ハンドブック編集委員会 編 (1965)『情報処理ハンドブック』，光琳書院.

加瀬滋男 (1988)『産業と情報 改訂版』，放送大学教育振興会.

加藤秀俊 (1972)『情報行動』，中公新書，中央公論社.

Keen, Peter G. W. (1980) "MIS Research: Reference Disciplines and a Cumulative Tradition", *Proceedings of ICIS 1980*, AIS: Association for Information Systems, pp.9-18.

Rogers, Everett M. (1986) *Communication Technology: The New Media in Society,* The Free Press（安田寿明 訳 (1992)『コミュニケーションの科学：マルチメディア社会の基礎理論』，共立出版）.

藤本義治 (1992)『産業情報論』，放送大学教育振興会.

正村俊之 (2000)『情報空間論』，勁草書房.

McDonough, Adrian M. (1963) *Information Economics and Management Systems,* McGraw-Hill Book Company, Inc.（長阪精三郎 他訳 (1966)『情報の経済学と経営システム』，好学社）.

McLuhan, Marshall (1964) *Understanding Media: The Extensions of Man,* McGraw-Hill（栗原裕・河本仲聖 訳 (1987)『メディア論』，みすず書房）.

Meadows, Donella H. (2008) *Thinking in Systems: A Primer,* Diana Wright Ed., Chelsea Green Pub Co.（枝廣淳子 訳 (2015)『世界はシステムで動く：いま起きていることの本質をつかむ考え方』，英治出版）.

宮川公男・上田泰 (2014)『経営情報システム〈第4版〉』，中央経済社.

水越伸 (2011)『21世紀メディア論』，放送大学教育振興会.

長尾真・石田晴久 他編 (1990)『岩波情報科学辞典』，岩波書店.

永田守男 (2003)『福澤諭吉の「サイアンス」』，慶應義塾大学出版会.

日本ドクメンテーション協会 訳編 (1984)『ユネスコ情報管理用語集』，日本科学技術情報センター.

日本ユニバック総合研究所 編 (1976)『共立　総合コンピュータ辞典』，共立出版.

新村出 編 (2018)『広辞苑　第七版』，岩波書店.

西山賢一 (1986)『勝つためのゲームの理論：適応戦略とは何か』，ブルーバックスB-653，講談社.

小野厚夫 (2016)『情報ということば：その来歴と意味内容』，冨山房インターナショナル.

小山田了三 (1993)『情報史・情報学』，東京電機大学出版局.

Shannon, Claude E. and Weaver, Warren (1949) *The Mathematical Theory of Communication,* University of Illinois Press（長谷川淳・井上光洋 訳 (1969)『コミュニケーションの数学的理論』，明治図書）.

Simon, Herbert A. (1996) *The Sciences of the Artificial (3ʳᵈEd.),* MIT Press, Mass.（稲葉元吉・吉原英樹 訳 (1999)『システムの科学（第3版）』，パーソナルメディア）.

遠山暁・村田潔・古賀広志 (2021)『現代経営情報論』，有斐閣アルマ，有斐閣.

内木哲也 (2008)「シミュレーション：モデル化によるコトの本質の見極め」，清水和巳・

河野勝 編著 (2008)『入門 政治経済学方法論』, 東洋経済新報社, pp.67-92.

Wiener, Norbert (1961) *CYBERNETICS: or Control and Communication in the Animal and the Machine (2ⁿᵈEd.)*, The MIT Press（池原止戈夫, 彌永昌吉, 室賀三郎, 戸田巌 訳 (2011)『サイバネティックス：動物と機械における制御と通信』, 岩波文庫 青 (33)-948-1, 岩波書店）.

山岸俊男 (1998)『信頼の構造：こころと社会の進化ゲーム』, 東京大学出版会.

吉田民人 (1990)『情報と自己組織性の理論』, 東京大学出版会.

吉見俊哉・水越伸 (1997)『メディア論』, 放送大学教育振興会.

吉見俊哉 (2012a)『メディア文化論 改訂版』, 有斐閣アルマ, 有斐閣.

吉見俊哉 (2012b)『「声」の資本主義：電話・ラジオ・蓄音機の社会史』, 河出文庫, 河出書房新社.

第**5**章
組織活動を支え育む情報システム

　文明のように，壮大な社会の物語を紡ぎ出す力を秘めた情報システムは，もっと日常的で身近な少人数の活動組織にも欠かせないものであり，その組織的な振る舞いに多大な影響を及ぼしています。そのような情報システムでは，情報メディアが取り扱われる文脈を，組織の目的達成のための情報のやり取りに限定することで，その表現や解釈の多様性を排除し，活動に不可欠な状況や指示を効率的に伝達できるようにしています。しかも情報システムは，組織活動を支える情報を単に流通させるだけでなく，各構成員に対する情報の利用可能範囲や情報の流れを制御することで，各構成員の組織内での権限や地位を付与剥奪でき，活動範囲を決定づけることもできるのです。

　本章では，情報システムが支え育む秩序ある人間関係としての組織に焦点を当てて，そのシステムと組織との相互作用が織りなす，組織の機能性，構造，文化などについて情報システムの視点から再認識するとともに，組織活動の効率を左右する情報システムの文化的側面について考察します。

5.1　情報システムとしての組織の認識

　私たち人間は，孤島や山の奥深いところで，たった1人で生活するという特殊な状況下にない限り，他の人間と関わり合って生きています。そしてその相手も自分以外の誰かと何らかの関係を持っていますから，関わりのある相手が1人に限定されることも現実的ではありません。このように張り巡らされた人間関係のネットワークのどこかに位置づけられながら，私たちは生きているといえるのです。この人間同士の関係には種々ありますが，どのような関係でも

その構築と維持には関係者相互のコミュニケーションが欠かせません。むしろ，人々の生得的なコミュニケーション欲求に応じて多様な関係が構築されているといっても過言ではないのです。そして，このような関係者相互のコミュニケーションに基づいた人間関係の総体として，「社会」がマクロに発現すると捉えられるのです。

　しかしその相互関係をもたらす人間関係は，自然発生的に，たまたま知り合ったという偶然の積み重ねの結果にすぎません。そしてそのネットワークは，つながる人数が増えるに従って，幾何級数的に複雑性を増していくばかりです。ですから，そのような相互関係とその結果である「社会」の構造は，当然のことながら非常に複雑になってしまいますし，安定的でもありません。このような構造の複雑性は，電気の配線に例えて説明することができます。電気器具が少ないうちは壁のコンセントから直接電源を取りますが，器具の数が増えるにつれてコンセントが不足しますので，分岐コードなど，分岐のための器具を利用することでしょう。また，器具の設置場所や利用場所がコンセントから遠ければ延長コードも必要になるでしょう。このようにして，電気器具の増加とともに部屋の配線は複雑怪奇なたこ足配線となってしまいます。そのような状態は，部屋が乱雑になるというだけでなく，一部の配線に負荷がかかり過ぎたり，配線につまずいたり，それによって断線や器具を破損するような不安定な状態となるばかりか，最悪の場合には漏電や火災のような致命的な結果を引き起こす危険性さえはらんでいます。

　このように無秩序で原始的な人間関係は，いずれどこかにゆがみが生じて大きく修正せざるを得なくなったり，それによって全体が崩壊したりする危険性をはらんでいます。生きるための人間の知恵は，人々が安定的に生活を営めるよう，このような雑然とした関係をそのまま放置せずに，家族や村などで共同の生活を営むための秩序ある人間関係を築き継承してきたといえましょう。社会科学では，この人間関係が生み出す「社会」を，「継続的に一定の相互作用を持つ人々の集まり，およびその相互関係とその結果の総体を指す概念である」と定義しています（坂井，岩永，橋本，1997）。この「継続的に一定の相互作用を持つ人々の集まり」が，一般的に「組織」として認識されているわけで，それは秩序ある人間関係に基づいて成立しています。そして「社会」は，

秩序ある人間関係として築かれた「組織」や，それらの相互関係の総体である
マクロな「組織」を指す概念，とされているのです。

　例えば，狩猟生活をしている人間が，一人では手に負えない大きな獲物と出
会ったときを考えてみましょう。もしそのとき周囲に他の人たちがいれば，獲
物を仕留めるために皆で協働する集まりが形成されることでしょう。しかし，
それは目的が達成されれば解散してしまう一時的な集まりにすぎません。これ
に対して，特定の場所で暮らし，獲物が現れたら，狩りに長けた人たちを呼び
集めて仕留めるような集まりは，継続的に一定の相互作用を持つ人々の集まり
といえ，これが「組織」の原型であるわけです。そしてこの「組織」が有事に
機能できるのは，関係者が集まれるよう相互にコミュニケーションできるから
なのです。さらに，その他にも集落の建設や収穫作業を請け負ったり，安全を
見回ったり，外敵に対処したりするための組織が作られ，それらの住民による
組織同士が関係性を築いていくことで，相互扶助的な集落としての「社会」が
構築されると捉えることができるのです。このように，秩序のある人間関係で
ある「組織」を築くことは「組織化」と呼ばれます。先にも述べたように，人
間関係の本質はコミュニケーションを通した情報のやり取りですから，組織化
とは人々の間での秩序ある情報の伝達や処理の仕組みを築き上げることであ
る，と言い換えることができます。その意味で組織形成とは，図 5.1 に示すよ
うに，秩序ある人間関係を具現化するための情報システムの形成ともいえるの
です。

　秩序立った関係を築くには，意識的に秩序ある人間関係を企図して，その実
現を目指した行動を実践しなければなりません。生得的に群を形成する本能を
持つ動物は多数存在し，人間もその例外ではありませんが，目的により異なる
秩序的関係を意識的に形成するという意味で，人間の組織は独特なものといえ
ましょう。社会学者の加藤秀俊は『人間関係』で，このような人間の組織には
少なくとも以下の 3 つの特徴がある，と述べています［加藤 1966］。

　①組織は何らかの目的を持っている。

　②組織には何らかの統制がある。

　③組織には組織化しようとする組織者が存在する。

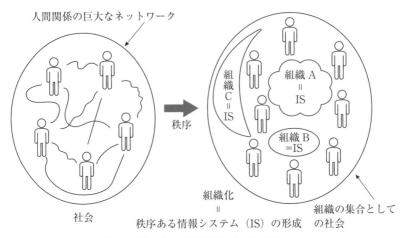

人間関係の巨大なネットワーク

秩序

組織
＝
C＝
IS

組織 A
＝
IS

組織 B
＝IS

社会

組織化
＝
秩序ある情報システム（IS）の形成

組織の集合として
の社会

図5.1　秩序ある人間関係としての構造

　まず1つ目の特徴ですが，組織とはそもそも企図された人間関係ですから，組織自身が企図された要因として，何らかの目的を持たされていることは明白です。とりわけ企業や政府組織のような公式の組織には，それぞれに営利追求や国家維持のような目的があることは誰の目にも明らかです。また，友人同士が集まって話をしたり，食事をしたりするような非公式な集いとしての組織にさえ，親睦や相互理解といった目的があるといえます。このように，何らかの目的に沿って組織が形成されるわけなのです。

　2つ目に挙げられている統制とは，その組織に属する人たちが共通に守るべき「きまりごと」や共通の前提条件などを指しています。組織は秩序のある人間関係ですから，その秩序を維持する手段としての統制が欠かせないのです。例えば公式の組織では，その目的の理解とその遂行に相応しい行動をとることが，前提条件として各構成員に求められているわけです。一方，親睦会のような非公式な組織でも，会の参加者で取り決められた日時や集合場所に参加者たちが集まらなければ会は成立しませんし，少なくともそれに従わない人は会に参加できません。このように組織には，その構成員に対する何らかの統制と求められる行動規範が存在しているのです。

　3つ目の組織者とは，組織を思い立ち，人々の組織化を促して組織の形成へ

と導く中心的人物のことで,「発起人」や「幹事」などと呼ばれる役割を担う人物です。公式の組織である企業は発起人によって興されますし,非公式な会合でさえ幹事や会の発案者がいます。そのような組織人なしには会合そのものを思いつくこともありませんし,たとえ思いついたとしても会の実施には至りません。まれに,誰彼なく,何となく組織が作られたり,組織人なしで組織が動いていたりするように感じることもあるかもしれません。しかしそのような場合でも,意見の取りまとめ役や世話役のような人物は必ず存在するはずで,そのような人は表面的には主導的でなくても,秩序形成や維持のための中心的人物である組織人といえます。このように組織は,秩序のあるコミュニケーションに基づいた情報システムであると捉えることができるのです。その組織としての秩序は,ある目的を達成するために組織人によって企図された人間関係であり,組織を構成する人々を統制することで維持されているわけなのです。

　人々に秩序立った行動を求め,統制さえする組織と,元来自由に行動する人間との関連は,図 5.2 のような概念図として示すことができます。自由に行動する人間を端緒として図 5.2 を見ていけば,まず行為や関係が反復され固定化されることによって人間関係の秩序が生まれ,一定の構造を持った制度が形成されます。それが様式化されて文化が形成されてきたという関連を見出すことができるのです。例えば,商品を生産する人と販売する人とが集まり,繰り返

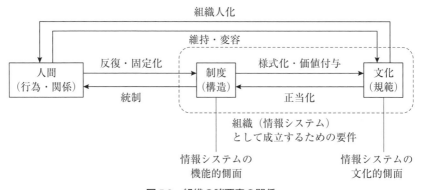

図 5.2 組織の諸要素の関係

し商活動が行われることにより商活動自体が固定化され，参加する人々が定型的な役割を自覚するようになると，企業という組織制度の形成につながります。その制度はさらに様式化され，企業組織としての秩序を維持する要素とそうでないものとを判断する基準が生まれ，その企業の行動規範を含んだ文化が形成されることになります。そのようにして形成された組織文化は，やがて組織人化と呼ばれるように，個々人の行動をその企業組織に適合させるように機能することになるのです。

　一方，社会の文化や制度を端緒として図 5.2 を見ていけば，すべての人間にとって秩序を持った組織は既に存在するもので，個々人はあらかじめ関連づけられた組織の規範によって統制される存在にすぎない，という見方になるわけです。ですが双方の見方は，「卵と鶏のどちらが先に発生したか」という議論と同じです。人間の行為や関係の構築は，単に文化を維持するだけでなく，その変容さえももたらします。また文化は，組織を維持するための制度の正当化にも寄与しますし，制度はそれに関わる人々の行為や関係の構築を統制することにもなるのです。ここで重要なのは，組織には構造としての制度と，行動規範としての文化とが存在することです。先に述べた統制には，前者による経済的および法的な報酬や罰則などの，客観的に捉えることができる外圧的なことと，倫理観や美意識などの自身の主観的な見方や考え方に基づいて行動を導き出す，後者の範疇となる個々人の自発的なこととがあります。それゆえに，組織を形作る情報システムも，単に構造的な組織内の情報伝達や処理の仕組みとして捉えるだけでなく，組織構成員の行為や関係を組織活動に適合させるために，組織の文化的側面について考慮することも必要となるのです。

　組織の文化は，組織風土ともいわれる構成員にとっての行動環境で，組織の雰囲気のようなものといえます。心理学的に見れば，組織の文化は同じ集団，同じ組織の他の成員と共有され，重複し合う部分が増えることによって，あたかも実在するものであるかのように，逆に，成員に働きかけを行うような状況に対応する概念として理解されることでしょう。このような組織の雰囲気や成員への働きかけは，すべて情報システムを媒介としてなされますから，組織の文化はその組織が実現している情報システムによって形成されると言っても過言ではないのです。しかし組織の文化は，長い時間をかけてその組織が醸成し

てきた規範でもあります。そのため，長くその組織に所属している構成員はもちろんのこと，その組織と関わりを持つ外部の人間にとっても，組織的振る舞いや組織での評価，組織から出される情報の意味などは，その組織およびその状態を理解する上で重要な要素となっています。

　組織は，特定の目的を達成するために人為的に秩序づけられた人間関係ですから，その目的や組織の存立環境に照らしてその組織が効率的に機能していないと考えられるのであれば，いくらでも設計変更や再設計することができます。企業や行政などの組織では，構造改革や組織再編（リストラクチャリング，リストラ：restructuring）などの言葉がよく話題となり，実際にそこでの人間関係には大小さまざまな変更が加えられてきました。そしてそれは，組織と表裏一体の関係にある情報システムの変更をも意味し，実際に組織とともに変更されてきたわけです。ですから，もし組織の機能的構造である制度面のみの観点で新しい情報システムが企図され，それを構築しようとしても，それまで培われてきた文化面と相容れずに，企図した通りには構築されない，という事態に至るであろうことは容易に想像できます。しかもそれによって，組織

=== **社会科学における 2 つの社会観** ===

　社会科学にとって，社会をどのようなものとしてみるかという社会観は，古くからの基本的な問いです。本来自由で個別的，利己的な人間が，なぜ，いかにして統制され秩序立った社会をつくるのかという問いは，それが人類の存立という根本的な問いであるからこそ浮かび上がるのであり，捉え方の違いによって大きく 2 つの異なる社会観に分かれます。その一方は，「自由で主体的な個々人の行為が集積される中で調整され，そこから秩序が生まれ，社会が形成されてきた」とする捉え方で，個々人の行為というミクロな視点を出発点とする見方です。もう一方は反対に，「原初的な社会はともかく，すべての個人にとって一定の秩序を持った社会は既に存在するものであり，個人はその社会の規範によって統制される存在にすぎない」とする捉え方で，初めに社会ありきというマクロな視点を出発点とする見方です。図 5.2 は，社会経済学者の坂井素思らが社会の諸要素の関係をまとめた概念図が基になっている，人が組織人化される道筋を説明するための図です。「組織」は「社会」よりも容易に参入／退出が可能ではありますが，前者のミクロな観点から人が「社会」を形成する道筋は，「組織」を企図し「組織」の一員として組織人化されていく人間関係の形成過程，すなわち組織形成過程として捉えることができることを図 5.2 は示しているわけです。

が依拠してきた既存の情報システム機能を低下させてしまうことや，最悪の場合には機能不全に陥らせてしまうことさえ起こり得ます。反対に，構成員の意識や価値観などの変化によって既存の情報システムが変容すれば，必然的に組織の構造も新たなシステムに適合するように再設計せざるを得なくなるわけです。

5.2 情報システムとしての組織の生態

現代人である私たちが思い浮かべる組織の形態としては，階層的なピラミッド型の組織構造が多いのではないでしょうか。実際，行政や軍事の組織はもとより，多数の従業員を抱えている多くの企業が，組織の最高責任者を頂点とす

リストラ（リストラクチャリング）

リストラという用語は，一般に組織での人員削減と捉えられていますが，元来の意味は組織の再構築（リストラクチャリング：restructuring）を指しています。もちろん，組織の構造を変えたり，再編したりすることで，余剰人員が生じて削減対象となることもありますが，必ずしも人員削減を目的としたことではありません。しかし，日本社会では組織の再構築は業務の質的な向上ではなく，評価尺度が数値的に明確な業務の量的な処理効率向上や人件費削減などに向かいがちです。そのことが，リストラ＝人員削減という人々の誤認識を生じさせているのです。このような質より量を重視する傾向は，経営組織におけるデジタル情報技術の導入場面でもしばしば見られます。経営戦略の一環として一時期ブームとなった「戦略的情報システム」や「ビジネスプロセスリエンジニアリング (BPR: business process re-engineering)」がその例として挙げられます。どちらも基本的には既存の組織を生かしつつデジタル情報技術によって新たなビジネスを創出するための議論や取り組みであり，それを通して得られた新たなビジネス環境に適合した組織への再構築をしようとする考え方といえます。しかし，デジタル情報技術の導入効果を拙速にかつ量的に評価するあまり，新たなビジネスを生み出すための人員まで削減してしまったり，逆に現場の業務にそぐわずかえって業務負荷が増えてしまったりして，組織としての体力を失わせる結果を招いてしまった事例が散見されていました。最も基本的なことですが，デジタル情報技術の表面的な機能性に注目が集まり，その技術を生かした新たな情報システムのあり方や実現方法についての議論がおろそかになっている実態にこそ，情報システムをめぐる根本的な問題が潜んでいるといえましょう。

る階層型組織となっています。階層的なピラミッド型の大組織は，官僚制組織ともいわれるように，国や地域の統治の仕組みとして培われてきたものといえます。そしてそれは，情報メディアとそれを扱うシステムにより形作られる情報システムが可能としてきた仕組みであり，このような組織を実現し効果的に運用できるように情報システムも発展してきたといえるのです。

公式・非公式な組織構造

　そもそも人が組織化を促される要因としては，1人では達成できない目的を協働作業によって達成させようとすることが挙げられます。大きな獲物を人々が協力して仕留めるのと同様に，作業時間的にも工程的にも1人では達成できない，大きな建造物や複雑な機構の機械などを作る場合も，組織化された多くの人間で取り組むことで，目的が達成される可能性が高まります。特に，目的の達成に専門的な知識や熟練技能が必要な場合，それらを身につけた人々を組織に組み入れることは必須です。さらに，対象とする問題や参加者の意識にもよりますが，「三人寄れば文殊の知恵」といわれるような集団的な思考による問題解決力の向上も期待できます。このような効用を多々挙げることができる組織化ですが，人々が組織的に行動するためには，コミュニケーションを通してお互いの状況の報告，すなわち情報を伝え合うことが必須です。

　しかも組織活動をうまく機能させるには，単に情報を伝達するだけではなく，組織としての機能を発揮できるよう，構成員の作業分担や手順，タイミングなどを包括的にコントロールできなければなりません。単純に考えてみても，仕事の進捗状況を確認したり，作業品質を整えたりしなければ，全体としての活動状況はちぐはぐで，その機能性も1人でこなす以上に高まるはずがないことは明らかです。そのためには，すべての構成員が同じ目的を持ち，組織活動に意識を集中して，全体の状況を注視しながら作業にあたることが必要ですが，そのような，ある意味理想的な組織は，現実的ではありません。同じ立場で気心の知れた者同士による，友人グループのような小規模な組織であっても，意識や考え方の相違で，意見が対立したり，状況認識が異なったりして，話し合いに時間を要し，組織としてまとまりがつかないことさえままあります。そのような事態を回避すべく，多くの組織では，全体を統括して方向づける役割を果たす組織運営者を置いて，その指示や取り決めに構成員たちが従う

という上下の関係性が組織内に生じます。この組織運営者には，組織を掌握して運営していくための力量が求められますし，それを発揮できるよう組織の構成員たちも承認しているわけなのです。

　さらに，この組織を継続的に機能させていくためには，構成員相互の人間関係を維持し続けられるよう管理することも欠かせません。先に述べたような，共通の目標に向かってある目的を達成するために集まった，意識が高く自律性のある人々による組織でも，種々直面する問題状況を乗り越えながら全員の参加意欲を維持し続けるのは難しい，ということは容易に想像できましょう。ましてや，次々と新たな事案や課題解決に当たる，企業や行政のような組織を管理し維持し続けるのは容易なことではありません。そこで組織には，その目的のために構成員がどのように参加するか，そして構成員間でどのように関係し合うかというような，構成員の職務や職責に応じた構造が形作られます。この組織の目的を遂行するための公式的な構造は，企業や行政などでは，組織図や業務連絡系統のような形で明示的に示されています。しかも組織には，表に現れる，その設立目的としての機能性を果たすための仕組みと，組織そのものを維持管理するための仕組みとが求められ，組み込まれてきたわけです。それらの仕組みを司り，実際の作動を担っているのが，その組織の情報システムなのです。

　しかしそのことは，企業組織の規模を制限し，その構造を形作らざるを得ないことをも意味します。まず，組織にはその管理や運営を担う組織人が不可欠ですが，組織人が組織を方向づけ運営を担うためのコミュニケーションは，構成する人間の増加に伴って飛躍的に増大してしまいます。ですから組織の規模は，組織人と組織構成員とが円滑にコミュニケーションでき，情報システムとしての機能性を保てる範囲に制限されてしまうのです。その規模とは，日々会話をしたり顔を合わせたりして，お互いの様子をうかがい知ることができる距離と人数といえ，具体的な数は組織人の識別力次第ですが，1,000人規模には至らないことでしょう。しかも，組織が大きくなるにつれて相互に接する機会は急速に減少してしまい，人間関係も希薄になってしまいます。そのため，組織を確実にコントロールするために秩序立った公式的で明示的な構造が重視されるようになります。このように，組織の内部構造として公式に定められた階

層構造や権限関係は，公式組織とも呼ばれます。

　公式組織では，組織活動に必要な情報を効率よく流通させることが重視されるため，公式的なコミュニケーションが規定されることとなります。公式的なコミュニケーションでは，その文脈や状況を限定することで，構成員ごとの解釈過程を縮減させて情報伝達を早めるだけでなく，解釈の相違による齟齬や伝達ミスを極力排除して確実性を高めています。仕事の現場で略語や略称が多用されるのもその一環といえます。また，階層構造や権限関係の違いによって，伝達される情報の内容とその方向性も規定されます。例えば，業務命令や人事異動のような指示は上位階層や権限保持者から，作業の進捗や状況のような報告は上位階層や作業管理者へといった具合です。つまり，組織の仕組みを支える情報システムは，その設立目的としての機能性を果たすと同時に，組織そのものを維持管理するための仕組みとして必要な「明示的かつ定型的な情報流通のためのシステム」を意味しているのです。このように組織の情報システムは，階層の差異や権限の有無で利用できる情報の範囲の付与・制限をしたり，伝達を方向づけたりしてきました。それによって，階層や権限による組織内での影響力や権力に差が生じることから，階層構造や権限関係をより堅固にできるだけでなく，組織運営の安定化も図れたわけなのです。

　その一方で組織には，公式組織とは別に，構成員間の個人的，人間的なつながりから生じる，公式には明示されない非公式な組織構造も形作られます。それは非公式組織と呼ばれ，友人関係や仲間意識によって構成員間で芽生えるような，公式的には確認することのできない個人的なつながりといえます。小さな組織の場合は，一般的に公式組織と非公式組織が適度に存在しますし，ほぼ同一であることさえまれではありません。例えば，規模の小さい企業では社長と社員とが互いに相手のことを熟知していて，形式的なあいさつだけではなく，情報や意見の交換をすることもあるでしょう。これに対して，大きな組織の企業では社長や役員ばかりでなく，別の部署の人々ともほとんど顔を合わせることがなく，同じ部署の人以外と親しく会話をすること自体がまれといえます。社内のサークル活動や私的なつながりのような，公式組織を離れた非公式な人間関係を結ぶ機会がなければ，社員同士がお互いに関係を持つことは非常に難しいとさえいえます。つまり，大きな組織は公式組織が主体であり，非公

式組織が息づく隙間も，育まれる素地もほとんどないのです。公式組織と非公式組織とは決して排他的な関係ではありません。しかし一般的には，非公式組織は，公式組織のように組織の目的を達成するための組織運営には明示的に組み込まれていませんので，組織を運営する側に立つ者たちと管理される側の構成員たちとの人間的な関係は深まらず，むしろ希薄になりがちです。

特に，組織運営者が目的達成のためにコントロールしやすい，ピラミッド型の縦型組織ではそれが顕著です。しかしこのような組織形態は，構成員同士がアイデアや解決策を持ち寄って問題の解決にあたるような場面には適しません。そういった場面では，非公式組織のように一般的なコミュニケーションが誘発される人間関係が必要となるからです。そのため，公式組織としても，構成相互の対等な人間関係のネットワークによる横型の組織形態（横型組織）が望まれるようになるわけです。縦型組織と横型組織とは，図5.3に示すように，両極端な組織形態といえ，現実の多くの組織は両者の特徴を取り入れた中間的な構造となっています。そこで，この両極端の組織形態について，それを支え，作動させている情報システムの観点から捉えてみましょう。

組織形態による権限とコミュニケーションの差異

縦型組織では構成員を管理者と被管理者とに分け，管理権限によって組織での位置づけとその上下関係が決まります。そのような構造上，組織での権限は

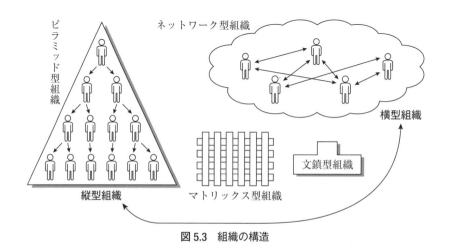

図5.3　組織の構造

上位者に集中することとなりますので，集権的組織とも呼ばれ，上位者からの指令を速やかに下部の被管理者たちに伝達できる，上意下達の情報システムが形成されるのです。それにより，上位者が定めた目標に向かって，命令一下ですべての構成員を意思の乱れなく邁進させることができますので，軍隊のような統率がとれた組織には適しているといえましょう。しかしその一方で，管理者が下す決定権限が大きくなるほど決定事項が多くなり，情報処理負担が増大しますので，上位管理者の情報処理能力の優劣が組織運営に大きく影響することとなってしまいます。管理者の情報処理負担は，管理階層を増やして部分的に決定権限を委譲することである程度軽減することができます。しかし，部分的な権限委譲による管理階層の増大は，パーキンソンの法則でも指摘されているように，さらに組織の病理ともいえる問題の多い縦型構造を作り出すことにほかなりません。それは上意下達の情報システムをさらに強化することにもなるため，末端の構成員から上層部への報告や具申などの伝達性能を低下させ，上層部で現場の実状を把握することが困難となってしまいます。しかもそれは，組織横断的な情報交換も制約することとなりますので，構成員による自由な発想が上位者に伝達される経路をも細めてしまうのです。

　このように縦型組織は，明確な目的を効率的に達成することには長けていますが，構成員が考えを持ち寄って問題の解決にあたるような業務には向かないことがわかります。そればかりか，組織の安定化を求めて規模を拡大するほど，個々の構成員の能力開発が難しくなり，安定化と裏腹に組織の効率を低下させることにもなってしまいます。また，組織の方向性や効率は上位者が明確に目的を設定できるか否かにかかっていますし，組織自体も徐々に柔軟性を欠いて硬直化してしまう，などの危険性さえはらんでいることがわかります。

　一方，横型組織では，構成員は対等な関係で，各構成員がそれぞれに権限を持ち，他の構成員と適宜協力しながら各自の責任の下で自由に行動することで，組織としての目的を達成します。職能や技能に応じて，行動に必要な事項の決定権限が広く下位の構成員にまで与えられていることから，横型組織は分権的組織とも呼ばれています。それにより個々の構成員が，自身や所属する機能グループの裁量で状況に応じて意思決定できるため，環境変化に対して素早く行動できるのです。ただこのような性質上，相互に意思疎通が図れ，協調的

に行動するためのコミュニケーションの場を提供できる情報システムが不可欠
となります。互いの進捗状況を確認しながら行動するためには，構成員が一堂
に会することが基本ですから，主として趣味や娯楽を目的とする同人会のよう
な非公式組織として数多く見られてきました。しかし，構成員同士が深い信頼
関係を築いたり，各自の成すべきことが明確に切り分けられた契約関係を結ん
だりすることで，相互確認の頻度や対象者を限定したり，情報メディアを介し
たコミュニケーションに代行させたりすることが可能です。そのような取り組
みの下で，研究や商品開発のような専門性の強い職種や，地域や取り扱い商品
などの担当領域ごとに並列的に分業化している，営業販売のような仕事にあた
る公式組織が築かれてきています。

　横型組織は，構成員や機能グループに多くの裁量権を与えて行動の自由度を
高めることができる反面，構成員および機能グループ間での調整や協調行動な

パーキンソンの法則

　パーキンソンの法則とは，英国の政治学者シリル・N・パーキンソン (Cyril N.
Parkinson) が 1957 年にロンドン・エコノミスト誌に発表した，世界的に有名な
社会生態学的法則です。狭義には，一連の法則の中で，植民地減少下の英国で植民
地省が肥大化していく実態から導かれた「役人の数はなすべき仕事の軽重や有無に
かかわらず，一定の割合で増加する」という定理として多く引用されています。し
かしそれだけでなく，組織に息づく情報システムの実相についての事実に基づい
た，そして現在でも通用する (!)，有益な定理も示されています。例えば，人間が
内に秘める劣等感と嫉妬に支配される「劣嫉症 (injelititis, インジェリティティス)」
の逸話は，組織での人間心理的な運営実態として示唆に富んでいます。

　　*組織が劣嫉症に感染すれば，組織の長は自分より出来の悪い部下を登用し，そ
　　の部下はさらに出来の悪い部下を登用するようになり，ついには組織全体が全
　　く機能しなくなる。*

　　　　　　　　　　　　　　　　　　　　　　([Parkinson 1957，森永 1981] より引用)

　余談ですが，日本原子力研究所の運営にあたり海外の原子炉物理学権威者の示唆
を受けてこの訳書が刊行されたことは，日本の組織運営に対する懸念を顕著に示し
た事実として，特筆すべきことでしょう。パーキンソンの法則は，日本の組織での
議論の合理化に，果たして有益に活かされてきたのでしょうか？　新たな技術の導
入が，組織構成員のためでなく，管理者が旧体質の運営を容認させる武器となって
いませんでしょうか？　みなさんもぜひ一読されることを強くお勧めします。

どで，相互の認識と理解を前提とした密な情報交換が必要なことがわかります。それは組織の機能上でのオーバーヘッド（overhead：間接的なコスト）となり得ますし，もしうまく調整がつかなければ各構成員やグループで同じ作業が重複して行われたり，組織全体ではなく個人やグループの利益を求めて行動したりしてしまう恐れさえもあります。このように，構成員およびグループ間の相互の意見や行動を調整するために多大な情報処理が必要とされるため，分権的組織では情報交換や調整を司る場として機能できる情報システムの構築が重要な鍵となるのです。

このように，両極端の組織にはそれぞれ得失がありますから，図 5.3 にも示されているように，現実の組織は双方の中間に位置づけられるマトリックス型組織や文鎮型組織などと呼ばれているものが多く，また多様な形態がとられていますし，社会的環境の変化に応じてその形態を暫時修正している状態にあるといえましょう。これらの微妙なバランスの上に組織は成り立っており，それを司っているのが情報システムであるわけです。

5.3 **組織を形作り解体する情報システム**

組織はその構成員たちの人間関係によって形作られるものですが，そもそも自由な人間同士の関係は固定的なものではなく，安定的に継続されるわけでもありません。しかも個人が組織に参与することは，組織活動からの効用が得られると同時に，自身の自由な意思や行動に対して何らかの制約を課されることを認めることでもあるのです。つまり個々の組織構成員は，組織活動のために払う犠牲をも含めた組織への貢献以上の見返りを期待できるからこそ，その組織を成立させている人間関係を維持し続けていると捉えることができるのです。元来，人間は社会的な動物であり，群のような組織を形成する性向がありますが，それだけでは犠牲を払って貢献してまで人間関係を続ける意欲は高まりませんので，次第に関係性が弱くなり，組織自体も成立できなくなるはずです。ですから，企図された組織が構築され存続し続けるためには，組織の構成員にとって組織活動から享受できる効用が，人間の生得的な性向以上に大きくなければならないわけなのです。そのことは，組織活動をするか否かによら

ず，組織の基盤である人間関係一般の形成と持続についても，同様に捉えることができることがわかります。

情報メディアが形作る組織の人間関係

そこで組織の範疇を拡大して，「人々が生活していく上で必要な物資や財をやり取りするために継続的に取り結んでいる人間関係」として捉えてみると，その成り立ちには情報メディアが不可欠であることがわかります。第 2 章でも述べたように，文字や記号を記した粘土板のような身体性から脱した情報メディアは，主として人々の間で交わされる取引や契約の記録として使用されていたようで，紀元前 4000 年ごろの粘土板による帳簿も見つかっています。情報メディアに記録して，それを保存・管理することで，約束事を確実に履行させたり，関係相手を明確に評価したりできますから，人間関係の構築に強く影響を及ぼしたであろうことは容易に想像がつきます。当初は穀物や家畜の数のような，生活や神事に欠かせない物資の取引や保管量に関するものであった記載内容も，やがて組織内で構成員が遵守すべき掟や地域を支配する組織間での盟約などのように，行動や義務などを周知し，約束事を法的に縛りのある契約へと発展を遂げ，組織活動を目的とする人間関係が鮮明化してくることになるのです。

しかし身体性を脱した情報メディアは，登場は早かったものの，先人からの伝授なしには正しく読み解くことができず，情報メディアとして自立していませんでした。そのことは，当時の修道院のような公式組織の上下関係を強化する要因ともなっていました。その一方で，次第に表記方法が整理され解読方法も定まってくると，師弟のような人間関係に頼ることなく，重要な知識を情報メディアから直接学べるようになり，上下関係の維持が困難になったり，新たな組織が構築されたりするようになります。それだけでなく，自立した情報メディアを求める人々が増大することにもつながり，その需要に応じて，大量に印刷することを生業とする印刷術（印刷業組織）が興隆して，科学的知見のような新しい見方や考え方が社会的にも広まりました。やがてそれが，電気技術を育み，電子技術へとつながっていくのは，先にも述べた通りですが，それだけでなく，多くの分野に科学的な見方や考え方を浸透させる礎ともなるのです。組織の形成や管理運営についても，これらの知見や技術が生かされ，現在

の組織へと導かれる近代化路線を歩むこととなるのです。

　組織の近代化に貢献した科学的知見として筆頭に挙げられる電気通信技術は，組織間での業務連絡に利用され始めましたが，やがて鉄道の列車運行の統御や管理のように，組織の業務遂行上不可欠な基盤となっていきました。特に組織形成に関する嚆矢（こうし）となったのは，電信隊を擁して 40 万人を超える軍事組織を従えていた，19 世紀半ばのプロイセン王国の軍隊といえましょう。プロイセン軍は電信によりベルリンの参謀本部で全軍の状況を把握して，全軍に対して迅速に指示を送ることで，戦況に応じて的確な軍事行動ができました。このプロイセン軍の組織構造が，図 5.2 に示したピラミッド型組織の典型といえます。電信により命令を受ける部隊長は，命令を確実に部隊へ伝達し実行させる中間管理職的役割を担っていました。これがモデルとなって，米国の自動車会社であるフォード社をはじめとする，上意下達型の情報システムを基軸とした大企業組織が誕生し，20 世紀の近代産業組織の形態として受け継がれていったとみることができるのです。

　また，組織を科学的に捉えて管理しようとする取り組みも，フレデリック・W・テイラー (Frederick W. Taylor) の「科学的管理法」により始まります。端的には，仕事の達成に必要とされる適正な労働時間を定めて労働者を評価する，という情報システムを組織内に構築することで，怠業を減らして，組織の効率を向上しようとする取り組みといえます。19 世紀末に，テイラーは米国

━━ プロイセン軍と電信システム ━━

　1858 年にプロイセン王国で参謀総長に任じられたヘルムート・カール・ベルンハルト・フォン・モルトケ (Helmuth Karl Bernhard Graf von Moltke) は，1866 年の普墺戦争（ふおう）に際して，兵員輸送のための鉄道や命令伝達のための電信網を準備しました。そして，参謀将校を各実戦部隊の参謀部に配置して，参謀本部と前線部隊との意志の疎通を万全にして統一的な部隊運用を行い，7 週間という短期間で勝利したのです。この電信網として採用されたのが，19 世紀半ばに実用化されたばかりのモールス符号による電信システムだったのです。それ以降もモルトケは，49 万人の巨大軍事組織であったといわれている軍の参謀本部を率いて，普仏戦争でもフランス軍に圧勝しました。このような功績により，モルトケは軍事思想の改革者ともいわれています。

の機械工場で工作機械の改良や作業工程の見直しとともに科学的管理法を実践し，工場内に蔓延していた工員たちの怠業を削減して，生産性の向上を果たしました。このことは，経験に頼って実践されてきた組織の管理に，科学的に取り組む嚆矢となったのです。その取り組みは，20世紀初頭の米国でヘンリー・フォード (Henry Ford) が自身の自動車工場で実践した，ベルトコンベアによる流れ作業方式による生産システム（Fordism：フォーディズムと呼ばれる）へと受け継がれていきます。

CIS 導入による現代組織の様相

　その後，第二次世界大戦中に数理的に取り組まれた兵站計画法の知見に基づいて，組織の振る舞いを計画的に管理しようとするオペレーションズリサーチ (OR: operations research) が注目されるようになります。それと並行して，組織を，科学的管理法の潮流であった細分化された部品的作業の集合として捉えるのではなく，総体として部品部分の集合以上の機能を創出するシステムと捉えるシステムズ・アプローチ (systems approach) も注目されるようになります。これらの数理的なアプローチは，同じく第二次世界大戦中に開発されたコンピュータの活用と相まって，20世紀中葉以降の組織の管理方法として取り組まれるようになります。特に，米国の月面着陸を目指したアポロ計画を成功に導いた取り組みとして，組織運営のみならず，社会的問題を解決する手立てとして世界的に注目を集めることとなります。ただし開発当初の大型汎用コンピュータは，現在と比較にならないほど非常に高価でありながら処理能力は低かったため，その機能性を最大限活用できる，定型的かつ数量的な情報の処理を中心に据えた，情報システム (CIS) とならざるを得ませんでした。それにもかかわらず，組織全体の情報を一カ所の大型汎用コンピュータに集めて処理する中央集権的な CIS は，組織の目的を効率的に達成する縦型組織と相性の良いものでしたので，その導入に拍車をかけることにもなったのです。

　しかしその一方で，数理的なアプローチは，期待とは裏腹に万能ではなく，問題の構造が明確で数学モデルに置き換えられる場合にのみ有効であることが，次第に明らかにされていきます。そればかりか，数理的なアプローチによりマクロな地球環境の未来を予測した『成長の限界』が1972年に発表され，地球環境の有限性と人間社会組織の限界を認識させられることにもなるので

す。時を同じくして，世の中には家庭電化製品や自動車などの工業製品が行き
わたり，人々の欲求は工業製品のような「モノ」からサービスや経験のような
「こと」へと移り始めます。そのような社会状況の変化は，高品質に大量の製
品を市場に投入することを得意としてきた，上意下達型の情報システムによる
縦型組織の限界をあらわにし，現場の情報を取り込んで細かな要求に対処でき
る機動的な組織構造が模索されるようになっていきます。米国の経営学者であ
るマイケル・ポーター (Micheal Porter) は，組織の価値連鎖 (value chain) にお
いて，縦型組織の CIS が培ってきた組織の支援活動を，単に組織の維持管理
という内部的機能として捉えるだけでなく，組織の目的を達成する主活動をよ
り効果的に実行するための重要な資源と捉えて，積極的に活用すべきことを示
唆しています。

　このような時代の雰囲気の中で生み出されてきた，PC をはじめとする個人
が使用するデジタル情報機器は，通信技術を取り込みながら当初の個人的利用
範囲を次第に拡大し，やがてインターネットのような情報通信ネットワークの
構築をも突き動かす原動力となっていきます。PC やデジタル情報機器が個々
人にまで広く普及し，ネットワーク化されるようになると，次第に組織での情
報処理も個人が持つ情報機器へと分散していきます。それと同時に，コン
ピュータをデータ処理機器としてだけでなく，電子メールや SNS などを通し
たコミュニケーション機器としても利用するようになりました。この新たなコ

=== **ローマクラブによる報告書『成長の限界』** ===

　ローマクラブとは，天然資源の枯渇化，公害による環境汚染の進行，発展途上国
における爆発的な人口増加，軍事技術の進歩による大規模な破壊力の脅威などによ
る人類の危機の接近に対して，人類として回避可能な道を真剣に探求することを目
的として，1970 年に欧州財界で有力な企業の国際派経営者たちが創設した民間の
組織です。世界各国の科学者，経済学者，プランナー，教育者，経営者などから構
成され，政府の公職にある人たちはメンバーでないとされています。ローマクラブ
の調査研究報告書として 1972 年に発表された『成長の限界』は，資源と地球の有
限性に着目した数理的モデルに基づいた，コンピュータシミュレーションによるマ
クロな地球環境の未来予測で，「人口増加や環境汚染などの現在の傾向が続けば，
100 年以内に地球上の成長は限界に達する」と警鐘を鳴らしています。

ミュニケーションツールは，個人同士を直接つなぐメディアであることから，組織内のいわば公的な環境で公然と私的な会話ができたり，空間的制約を超えて多くの人に呼びかけたりできます。その結果，これまで企業や社会の組織が

━━━━━━━ ポーターの価値連鎖 ━━━━━━━

　価値連鎖 (value chain) は，米国の経営学者 M・ポーターが 1985 年に『競争優位の戦略』で提示した用語です。競争優位とは，企業がその業界で有利な市場地位を確保することを指し，価値連鎖の図はそのための戦略的行動を見出すための企業組織の分析枠組みといえます。ポーターは，この分析により自社が得意とする競合他社との差別化要因を探り出し，それを生かす戦略行動を見出すべきと説いています。ここで重要なのは，企業組織の活動を，「○○をしている会社」として外部から認知される主活動と，外部からは見えないものの組織を支える基盤である支援活動とに明示的に分類して示されたことといえます。組織の情報システムは，基本的には人々のコミュニケーション基盤ですから，支援活動に位置づけられます。この支援活動の善し悪しが，組織の活動目的であり，顔でもある主活動を効果的に遂行する上で重要とされ，その要因となっていることが，この図には明示されているわけです。それは，支援活動の一環として導入されてきた CIS が，組織内部の支援の枠を超えて主活動の遂行にも大きく影響するようになったことをも物語っているのです。なお，価値連鎖の主活動の一つである operation は「製造」と訳されていますが，ここではより一般的な企業活動を表す用語である「業務」と表記しています。

図　価値連鎖の図に明記された組織活動の差異

築き上げてきた上意下達型の組織が，このような新たな CIS に適した組織への変革を迫られることになります。なぜならば，それまでの中央集権的な CIS による公式組織の合理化のなかで，ないがしろにされてきた非公式組織が活性化されることになるからです。

　非公式組織の活性化により，形式的な情報とそのシステムによって構造的に阻止されていた人間活動による生きた情報の流通が促されますので，それにつれて構成員の意識も変化することとなります。それは，生きた情報が流れることで，それまでの形式的な情報では知り得なかった組織構造的な問題点や個々の構成員の潜在的な才能が発見され，組織構造の変革を余儀なくされるからなのです。つまり，組織構成員が組織内での位置づけや役割を自覚できるようになり，組織構造に阻まれずに構成員同士が協働したり，個人および仕事を組織上の利害関係によらずに評価できたりするようになります。このような組織構成員の活性化は，次第に素早い意思決定のために権限や仕事に適応した柔軟なチーム編成を求めることにもなり，中間管理職の存在意義が薄れ，組織の平坦化が望まれるようにもなるのです。

　ところで，組織における CIS の導入は，このような組織の内部的な変革だけでなく，組織同士のマクロな関係性をも変容させてきました。CIS による公式組織の強化と支援は，業務プロセスの合理化と情報の定型化が前提ですから，両者は表裏一体の関係で推進されてきたわけです。しかもそれは，一組織内にとどまらず，異なる組織間でのデータ交換方式をも標準化し，合理化を推し進めることとなるのです。そのような企業間の電子データ交換方式の標準化活動は EDI (electronic data interchange) と呼ばれ，銀行をはじめ，物流や流通などで用いられています。今日，自分の取引先の銀行口座の預金を異なる銀行の ATM で引き出すことができるのは，EDI によって構築された銀行間ネットワークのおかげなのです。EDI では，文字や数値によるデータ交換手順や取り決めを標準化しています。さらにそれを拡張して，企業間で協調的に業務を遂行するために必要なデータを相互に交換できるようになれば，企業組織の枠組みを超えて，まるで1つの企業として活動しているようなより緊密な協調作業も可能となります。インターネットの普及と機能拡大に伴い，そのような物理的な形態を持たない，仮想企業 (virtual cooperation) と呼ばれる企業組織

集団が，IT 産業を中心にその姿を現しつつあります。

　仮想企業は，いわば自律分散的に統合された企業集合体といえ，先に述べた横型組織の企業組織レベルへの適用と考えることができます。つまり，仮想企業に参加する企業組織は，それぞれの持てる能力を十分に発揮することで企業組織活動の目的に貢献できますし，その企業の能力開発にもつながっています。ただし仮想企業は，各企業が相互に理解し合い，協働に必要なコミュニケーションができ，信頼のおける情報システムなしには実現できないことはいうまでもありません。しかし，言葉と国家の壁を超えられれば，世界的規模で分散協調し合う企業組織ができあがる可能性をも秘めています。実際，インターネット上に展開される情報処理機能としての CIS である，クラウドコンピューティングに対する社会の信頼度が増し，EDI と相まって，既存の組織の境界をあいまいにする，ボーダレス化 (borderless) を着実に進展させつつありますし，インターネット上だけで展開される物理的な実体を伴わない組織も，数多く見られるようになっています。しかしながら，相互の組織が信頼し合い，そして組織としての機能性を高め合っていけるような，真の意味での仮想企業には，まだ到達できていないのが実状といえましょう。

5.4　情報システムの運用がもたらす組織の雰囲気

　多くの人々は，組織に対して，個人の自由な行動を束縛する厄介な存在であるというイメージを抱いていることでしょう。先にも述べたように，組織を形作る情報システムは，情報流通のあり方や情報処理の方法を規定しますので，それらが誘発する構成員間のコミュニケーションも規定されることとなり，組織構成員の行動全般に影響を及ぼします。ですから，このようなイメージはある意味で当然の感覚ともいえます。特に企業組織では，目的や目標が経済性および仕事の効率の観点からより明確に強調されますし，同時に協働システムとしての意味合いも色濃くなっています。米国の経営学者であるチェスター・I・バーナード (Chester I. Barnard) は，このような企業組織に着目して「組織とは，意識的に調整された2人以上の人々の活動または諸力のシステム」と定義し，構成員のシステムへの参与を促す「誘因」と果たすべき「貢献」との関

係性に基づいて組織を論じています。バーナードの組織論では，この「誘因」が賃金や福利厚生などの生活上必要な明確なものに限らないことを示すとともに，経営学的観点から現代社会で組織を存続させるための重要な示唆を与えてくれます。それは，そもそもの誘因である個人に提供される物質的なものを除くと，全体としては非物質的な誘因が数多く挙げられている，ということです。それらはコミュニケーションや組織の雰囲気などを通して個人に伝えられることであり，組織が個人に提供する情報すべてを指していると言っても過言ではないのです。つまりそのことは，組織が持つ情報システムの良否によって各構成員に提供できる誘因には大きな差が生じて，組織の能率も大きく変わるということが示されているわけなのです。

　個人と組織との関係を誘因と貢献とから考えると，良い組織とは個人の貢献が限りなくゼロに近く，誘因がある程度大きい組織ということになるでしょう。貢献がゼロに近いということは，組織のために何も働かないということではなく，組織のために自分を犠牲にして行動しなくてよいということです。これはつまり，「趣味と実益を兼ねる」という言葉に表されるような行動をしている状態ですから，個人の自由な行動によって組織の目的が達成される，という理想的な組織状態といえます。人間の考え方や感じ方は多様ですので，組織の善し悪しを一概に評価することはできませんが，あえて明確化しようとすれば，「良い組織とは，構成員の行動が組織の目的として有用であると同時にその行動が構成員自身の生き甲斐となり，そのような行動を各構成員が自ずと導き出せるような環境である」といえましょう。その意味からすれば，理想的な組織とは，それを構成する人間の本当の能力を常に引き出すことができ，その能力を十分に発揮させることができる人間関係であると言い換えることができます。それと同時に，組織の構成員それぞれが，達成感や満足感，組織における納得のいく評価として，持てる能力を十分に発揮していることを認識できなければなりません。これこそが，組織にとってもその構成員たちにとっても理想的な環境のはずです。しかし一般的には，組織での必要性としての側面と，人間主体の可能性の探求という側面が完全にはかみ合わないだけでなく，相互に矛盾する場合がしばしばあります。それは最終的に個人の行動を束縛することとなるため，構成員は組織への貢献を余儀なくされるだけでなく，組織に対

してさまざまな問題意識を持つことにつながってしまうのです。

特に大きな組織は，先にも述べたように，多くの場合，効率主義的な考え方に従って組織の目的達成に適した人間構成となるように構築されてしまいがちです。そればかりか，大きな組織では構成員の数も多く，個々人の特徴や状況をすべて把握できませんし，できたとしてもそれらをすべて考慮して組織を企図することは，非常に困難なことです。しかもこのような取り組みは，合理的な組織設計問題として，客観的な立場から説得力のある形式的な合理性を主張できますので，なおさら個々の人間的な問題は，組織設計の対象から外されてしまうのです。

このような組織設計やそれに従って組織を変革する組織運営者の行動は，組織構成員に対して，運営者との人間関係の弱さを感じさせるとともに，その組織への失望感をも与えてしまいます。そのため，組織構成員はやる気を持つことができず，ひいては組織全体のモラルの向上を望めなくなってしまいます。これを回避するには，個人が持っている潜在的能力を顕在化させることが重要です。そのためには，構成員の才能と矛盾しない大きさの組織であることが望まれます。一般的にそれは，以下の理由から，数人から十数人程度の人たちの集団といわれています。

①相手を人格的にも十分にわかるため。
②コミュニケーションが容易で相互に理解し合えるため。
③感情の交流ができる規模であるため。

しかし，ただ単に小さい組織をたくさん発生させただけでは，大きな問題には対処できません。そのためには，それらの小さい組織を自由に活動させるとともに，必要に応じて自発的に統合して大きな問題に対処できる自律分散的な環境が必須です。これは具体的には，組織内の組織として権限を委譲した小集団を作り，自律分散的に活動してもらうことで実現可能です。しかしそのためには，小集団を仕事に応じて機動的に運用できなければなりませんし，その実現には非公式組織をも活性化できる CIS の活用が不可欠です。CIS によって，組織から個々の構成員に提供される誘因が質的および量的にさらに改善されれば，単なる遠隔コミュニケーションという意味だけでなく，これまでの組織の

枠組みを越えて，一堂に会さずとも組織として活動することが可能となります。ただし，このような組織では，構成員に対して管理職が上意下達的に仕事や行動を指図するのではなく，構成員自らが主体的に考えて行動しなければなりません。そのため，真に主体的に行動できる構成員を正当に評価して登用できる仕組みも用意しておくことが必須となります。そのような事例として，組

=== **バーナードの組織理論** ===

　米国の企業家であり経営学者でもあるC・I・バーナードは，組織成立の条件であり，存続の前提として，目標の達成とそれに伴う満足とが考えられなければならないと主張しています。そして組織の構成員に満足感をもたらす効用は，組織の目標を達成するために構成員が果たすべき「貢献」と，組織への参加によって期待できる「誘因」との関係として論じられています。個人の組織への参加意欲は，この「誘因」によって生じ，高まるわけですが，組織構成員に求められる「貢献」との関係によって，その組織への参加意欲は次のようになると考えられます。

　①誘因＞貢献：個人はその組織へ積極的に参加する。
　②誘因≧貢献：個人はその組織へ参加し続ける。
　③誘因＝貢献：個人がその組織に参加するかどうかは不定である。
　④誘因＜貢献：個人はその組織への参加を取りやめる。

　①と②では，誘因が貢献を上回りますので，参加意欲が湧くのは当然といえましょう。しかし③の状況では，既にその組織へ参加している個人は参加し続けるでしょうが，新規の参加は不明で，理論的には個人の参加，不参加は不定です。ましてや④の状況ともなると，既存の構成員はその組織を去り，新規に構成員となろうとする人もいませんから，最終的にはその組織は消滅してしまいます。
　企業の従業員の場合を具体例として考えてみれば，賃金や福利厚生などの生活上で必要とされる明確な誘因ばかりでなく，仕事のやりがいや社会的地位など抽象的で価値としてもあいまいな誘因を数多く挙げることができます。バーナードは，これらの誘因を個人に提供される個人的なものと，個人を特定しない一般的なものとに分け，それぞれを細かく分類しました。個人的誘因としては，物質的誘因，個人的で非物質的な誘因，好ましい物的条件，理想の恩恵，などがあり，一般的誘因としては，社会的結合関係の魅力，社会的慣習への適合，参加の機会，社会的連帯感，などの8つを挙げています。
　またバーナードは，構成員の貢献に対して組織が提供できる誘因の割合を組織の能率と呼んで，組織が存続するための指標としています。つまり，能率的な組織はより少ない貢献で大きな誘因が産出できますので，能率的な組織ほど参加する構成員が多くなり，存在し続けることができるわけです。

織内向けの SNS を通して非公式組織を活性化しようとする取り組みもなされ
ています。それによって，組織内でのコミュニケーションが円滑化されて，現
場の声が経営者によく届くようになったり，仕事上や個人的な悩みを解決した
り，ストレスを発散できたり，構成員同士の連帯意識を高めたり，というよう
な効果も報告されています。しかし一方で，そのようなシステムは，扱い方を
誤れば業務効率の低下をもたらしたり，かえって組織への不信感を募らせたり
する危険性も指摘されています。このように CIS を含めた情報システムがも
たらす効用は諸刃の剣といえるのです。

　しかしそのような機能面だけでなく，組織には確かに居心地のよい組織とそ
うでない組織とがあって，その多くが後者であるということもまた事実です。
組織の基本は人間関係であり，その善し悪しは，組織構成員間のコミュニケー
ションを活性化する情報システムによって決まるともいえるわけですが，構成
員の組織に対する失望感は，形式的な組織効率ばかりを重視して本来の人間関
係としての側面が軽視されていることに根本的な原因があるといえます。その
ような観点から考えて，よりよい組織を構築するためには，本来の意味での人
間関係を強化するコミュニケーションを誘発できる情報システムを形成するこ
とが重要です。加藤秀俊は『人間関係』の中で，そのようなコミュニケーショ
ンで重要となる情報を提供する，組織の情報システムの機能性として以下の3
つを挙げています。

　①フィードバック機能がどの程度まで有効に組み込まれているか。
　②フィードバック機能がどこまで現実的に機能できるか。
　③組織のモラルを高め，維持することができるか。

　組織における個人は，自身の役割と評価が認識できなければ，組織参加の意
義を捉えることができません。このような組織の構成員に対する情報のフィー
ドバック機能は，数人のグループでのコミュニケーションであれば自然に実現
されることですが，大組織ともなれば意識したとしても実現は難しいといえま
す。なぜならば大企業では，組織経営に携わる上層部の人々が，一般社員に
とっては気軽に会話ができず意見も具申できないほど，遠い存在となってしま
うからなのです。

　また，その機能を組み込んだとしても現実的に利用される見込みがなければ意味がありません。例えば，大組織の中に何でも言える機動的な小さな組織を作れる制度を設けたとしても，いざ組織を作ってみたら役職者ばかりで機動的に動けなかったり，言いたいことが言える環境でなかったりするならば，それは現実的には機能しているとは見なせません。つまり，フィードバック機能は，単に組み込むだけではなく，それをうまく機能させるための運用制度や意識改革などの環境構築も必要となるのです。

　さらには，いくら有能な人間が集まっていたとしても，モラルが低くては，やはり機能できません。モラルの問題は個々人の考え方や価値観に根ざしたものであり，単に報酬や評価だけでは高めることができません。それを高める第一歩としては，組織での個人の役割や責任，組織と個人との相互関係を明らかにすることといえましょう。したがって，組織全体が1つの理解によって結ばれるような情報活動が重視されると同時に，フィードバック機能の整備，拡充は，モラルを高めるための条件といえるのです。

　組織での個々人の役割は，組織の目的や性質によって異なりますので，参画することへのインセンティブや満足感を構成員が簡単には得られないこともよくあります。しかしその場合でも，個人の評価に直接つながる，昇給や昇格，業務成績といった情報のフィードバックによって，構成員のモラルを維持することもできます。このように，構成員の組織参画へのインセンティブも情報システムがもたらす効果の範疇に含まれます。情報システムは，図5.2にも示したように，単に組織としての目標を達成するための機能的側面としてだけでなく，構成員の情報行動全般に多大な影響を及ぼす文化的側面でも機能しているのです。ただし，このような情報システムの文化的側面は，CISをも含めた情報システム全体の運用に大きく左右されてしまいます。例えば，構成員の評価情報を伝えるにも，上から目線の態度であったり，何らかのニュアンスを含む口調であったりすれば，そのメッセージが意味することは大きく異なってしまいます。もちろん，機械的および形式的なコミュニケーションによって評価したり，伝達したりすることも可能です。ですが，そのように人間性を欠いたコミュニケーションに頼らなければならないようでは，およそ人間性のある組織と認めてもらうことには結びつきません。

　インターネットを駆使することで自身の情報行動を拡大できる現代社会では，自信過剰になって人間関係をおろそかにしたり，ナルシシズムに陥ったりする人さえ散見されています。それは，先にも挙げたプラトンの『パイドロス』に記された，文字を学ぶ人についての以下のくだりと同じことが現実に起こっていると捉えることもできます。

　　あなた（文字）がこれを学ぶ人たちに与える知恵というのは，知恵の外見
　　であって，真実の知恵ではない。すなわち，彼らはあなたのおかげで，親
　　しく教えを受けなくても物知りになるため，多くの場合ほんとうは何も知
　　らないでいながら，見かけだけはひじょうな博識家であると思われるよう
　　になるだろうし，また知者となる代わりに知者であるといううぬぼれだけ
　　が発達するため，つき合いにくい人間となるだろう。

　　　　　　　　　　　　　　　　　　　　　（[プラトン，藤沢 1967] より引用）

　このように，情報メディアがもたらす人間の意識の変容は，古今東西を通して人間の本質に関わる普遍的な性向といえましょう。それと同様に，人間関係をめぐる現代の人々の行動とそれがもたらす人間模様も，テオプラストスの『人さまざま』に取り上げられた 2000 年以上も前の古代ギリシャ社会での人物スケッチと大きく変わっていないことがわかります。人間は，情報メディアを作り出し，それを取り扱う仕組みを核とした情報システムを形成して，双方を発展させながら，組織およびその総体としての社会を構築してきました。しかし，人間そのものは，このような「進歩」に彩られながらも，根本的には変化しておらず，特に人間関係には，憎しみ，妬み，へつらい，うたぐりなどの感情が理性を超えて強く影響を及ぼします。それが，組織病理ともいえる『パーキンソンの法則』の「劣嫉症」を生じさせるであろうことは，現代でも同様といえるのです。つまり，組織文化ともいえる，組織の文化的状況は，組織を構成する人々の意識や人間性の総体として表出してくることなのです。そして，その文化的状況の下でなされる情報システムの機能面の運用が，組織を形作る情報システムの文化的側面である，組織の雰囲気を作り出していると捉えることができるのです。

┌─ 古代ギリシャ社会での人間模様についての記述：『人さまざま』より ─┐

　ギリシャの哲学者テオプラストスが紀元前に著した『人さまざま』には，社会の中での人間と人間関係の愚かしさを風刺的に描いた三十話の人間模様が書き残されています。2000年以上前の古代社会での人間模様ですが，現代のこととしても違和感なく読めてしまいます。人間は文明社会を構築し発展させてきたわけですが，このような人間模様を織りなす人間関係は，古今東西変わらない人間の性なのかもしれません。みなさんは，「へつらい」として描かれた以下のような人物に心当たりがあるでしょうか？

　　宴席に招かれれば，客たちの誰よりも先に葡萄酒をほめたたえ，その人のかたわらから離れずに，「なんと見事なおもてなしでしょうか」と言い，食卓のものを一つとって語るのだ，「これ一つにしても，なんという素晴らしさでしょう」と。そしてその人に，寒くはございませんか，なにかお召しになりますか，などと尋ね，その言葉も終わらぬうちに，その人に衣類をかけて進ぜる。その上，その人の耳もとへ体をかがめ，ひそひそと囁く。そして，その人の方に顔を向けたまま，他の客たちとおしゃべりをやってのける。さらに，劇場にあっては，下僕からクッションをうけとり，自分の手でその人に敷いてあげる。さらに，お屋敷は見事な造りですね，とか，お庭の植えこみも見事なものです，とか，肖像画はあなたさまに生き写しで，とか語る。彫像が生き写しだとか愛想をいう。[要するにへつらう者とは，それで自分が気にいられると見なすことならんであれ，口にもすれば行ないもするように，はた目には見られるのである。

　　　　　　　　　　　　　　　　　　（[テオプラストス，森 2003] より引用）

└──────────────────────────────┘

演習問題

課題1：あなた自身が現在所属している組織の内で，公式組織にはどのようなものがあるのか，またなぜそこに所属しているのかを考えてみましょう。

課題2：あなた自身が所属したことがある組織の内で，文化的活動と世間に認識されているものを挙げ，それらを公式組織と非公式組織に分けてみましょう。

課題3：あなた自身が所属している非公式組織の組織者が誰であるかを見出し，その人の行動が他の人とどのような点で異なっているかを観察してみましょう。

参考文献

Barnard, Chester Irving (1938) *The Functions of the Executive*, Harvard University Press（山本安次郎・田杉競・飯野春樹 訳 (1956)『経営者の役割：その職能と組織』, ダイヤモンド社）.

Checkland, Peter (1981) *Systems Thinking, Systems Practice*, John Wiley & Sons, Ltd （高原康彦・中野文平 監訳 (1985)『新しいシステムアプローチ：システム思考とシステム実践-』, オーム社）.

Checkland, Peter and Holwell, Sue (1998) *Information, Systems and Information Systems*, John Wiley & Sons, Ltd.

Davidow, William H. and Malone, Michael S. (1992) *The Virtual Corporation*, Harper Business （牧野昇 監訳 (1993)『バーチャル・コーポレーション：未来企業への条件 商品を変える，人を変える，組織を変える』, 徳間書店）.

二村敏子 編著 (1982)『組織の中の人間行動』, 有斐閣.

Gallagher, James D. (1961) *Management Information Systems and the Computer*, American Management Association, NY（岸本英八郎 訳 (1967)『MIS：マネジメント・インフォメーション・システム』, 日本経営出版会）.

市毛明 (1992)『企業成長と情報システム戦略』, 中央経済社.

加藤秀俊 (1966)『人間関係』, 中公新書, 中央公論社.

加藤秀俊 (1969)『人間開発』, 中公新書, 中央公論社.

加藤秀俊 (1972)『情報行動』, 中公新書, 中央公論社.

Keen, Peter G. W. (1980) "MIS Research: Reference Disciplines and a Cumulative Tradition", *Proceedings of ICIS 1980*, AIS: Association for Information Systems, pp.9-18.

喜多千草 (2003)『インターネットの思想史』, 青土社.

松岡正剛 監修 (1996)『増補 情報の歴史』, NTT 出版.

McDonough, Adrian M. (1963) *Information Economics and Management Systems*, McGraw-Hill Book Company, Inc.（長阪精三郎他 訳 (1966)『情報の経済学と経営システム』, 好学社）.

Meadows, Donella H., Meadows, Dennis L., Randers, Jørgen, Behrens, William W., III (1972) *The Limits to Growth: A Report for THE CLUB OF ROME'S Project on the Predicament of Mankind*, Universe Books （大来佐武郎 監訳 (1972)『成長の限界：ローマクラブ「人類の危機」レポート』, ダイヤモンド社）.

Meadows, Donella H. (2008) *Thinking in Systems: A Primer*, Diana Wright Ed., Chelsea Green Pub Co.（枝廣淳子 訳 (2015)『世界はシステムで動く：いま起きていることの本質をつかむ考え方』, 英治出版）.

水戸公 (2002)『管理とは何か：テイラー，フォレット，バーナード，ドラッカーを超えて』, 文眞堂.

宮川公男・上田泰 (2014)『経営情報システム〈第4版〉』, 中央経済社.

Parkinson, Cyril Northcote (1957) *Parkinson's Law,* Houghton Mifflin Company (森永晴彦 訳 (1981)『パーキンソンの法則』, 至誠堂).

Porter, Michael E. (1985) *Competitive Advantage: Creating and Sustaining Superior Performance,* Free Press (土岐坤・中辻萬治・小野寺武夫 訳 (1985)『競争優位の戦略：いかに高業績を持続させるか』, ダイヤモンド社).

坂井素思・岩永雅也・橋本裕蔵 (1997)『社会科学入門：社会の総合的理解のために』, 放送大学教育振興会.

Simon, Herbert A. (1976) *Administrative Behavior: A Study of Decision-Making Process in Administrative Organization (3rd Ed.),* Free Press (松田武彦・二村敏子・高柳暁 訳 (1989)『経営行動 新版：経営組織における意思決定プロセスの研究』, ダイヤモンド社).

Simon, Herbert A. (1996) *The Sciences of the Artificial (3rd Ed.),* MIT Press, Mass. (稲葉元吉・吉原英樹 訳 (1999)『システムの科学 (第3版)』, パーソナルメディア).

Sproull, Lee and Kiesler, Sara (1991) *Connections: New Ways of Working in the Networked Organization,* MIT Press (加藤丈夫 訳 (1993)『コネクションズ：電子ネットワークで変わる社会』, アスキー出版局).

Taylor, Frederick Winslow (1911) *The Principles of Scientific Management,* Harper (有賀裕子 訳 (2009)『新訳科学的管理法：マネジメントの原点』, ダイヤモンド社).

テオプラストス著, 森進一 訳 (2003)『人さまざま』, 岩波文庫 青 609-1, 岩波書店.

Tönnies, Ferdinand (1887) *Gemeinschaft und Gesellschaft: Grundbegriffe der reine Soziologie,* Leipzig, Fuez (杉之原寿一 訳 (1957)『ゲマインシャフトとゲゼルシャフト：純粋社会学の基本概念』岩波文庫 白 207-1&2, 岩波書店).

遠山暁・村田潔・古賀広志 (2021)『現代経営情報論』, 有斐閣アルマ, 有斐閣.

第**6**章

情報システムとしての社会の様相

　私たちが日常生活の中で認識している情報システムとは，情報刺激をもたらす情報メディアを効果的にやり取りすることを目的とした，他者との限定的なコミュニケーションの様式のことでした。それが意味することは，自身の行動に不可欠な情報を形成するためのコミュニケーションを通して，自らも情報メディアを提供するという相互作用を行っているということです。つまり私たちは，第三者的に客観的な立場で情報システムを利用しているのではなく，自身も情報システムの一要素として相互作用しているわけなのです。そして情報メディアとそれを扱う情報システムの社会への浸透は，それまでの具体的な物や場所，時間の制約を超えて情報に触れ合える情報空間を人々にもたらすことにもなるのです。さらに，コンピュータやデジタル通信をはじめとするデジタル情報技術の開発と社会への浸透は，大量なデータ処理が短時間に可能となっただけでなく，これまでの場所や時間の制約を根底から覆し，人々の身体性を逸脱した新たな情報空間がもたらされたといっても過言ではないのです。

　本章では，情報システムを利用することで個々人にもたらされる，情報活動の場としての情報空間に焦点を当て，その変容と関連づけながら現代社会の様相を捉えます。

6.1　人々にもたらされる情報空間の変遷

　私たち個人が日常生活の中で認識する情報システムは，身体の外にあって情報刺激をもたらす情報メディアを提供してくれる窓口であり，その利用によって自身の情報活動能力が向上できると捉えられています。そもそも情報行動に

不可欠な情報の収集範囲や感覚機能には限界がありますし，正確に記憶できる量や期間も限られています。さらに情報の解釈や表現についても知識の幅や能力，解釈可能な内容，表現内容，伝達範囲などに限界がありますし，詳細な数値計算や大量の情報の演算処理には多くの時間を要してしまいます。このような能力的な限界を克服するための工夫や道具の開発の歴史は，まさに第2章で見てきた情報メディアの発展史でもあったわけなのです。情報メディアの発展段階は，伝送性能，保存性能，表現力の3つの視点で分類することができましたが，人間の情報行動を支える情報活動能力の限界もこの3つの能力で捉えることができます。なぜなら，記憶力の強化は情報メディアの保存性能と表現力によるものですし，伝達力の拡大は情報メディアの伝送性能と表現力によるものであるからです。そのため個々人の視点からは，自身の情報活動能力を向上させる機能が得られる窓口として情報システムが認識され，情報メディアを媒介して情報活動が拡大されているように感じられるわけなのです。

情報行動の強化

　社会を構成する多くの人々が認知可能な情報メディアの成立以前にも，何らかの印を石や木などに刻んで個人的な備忘録としていたであろうことは想像に難くありません。この場合，刻まれた印が将来の自分にのみ伝達できればよいことですので，自身だけがわかる独自の方法で情報表現できますし，今日の私たちにもしばしば見られる自然な行動です。これこそが原始的な情報システムであり，それは個人的な情報を記録し未来に伝達するという機能を果たしていたわけですが，あくまでも個人的な利用範囲にとどまっていたといえましょう。そのような個人的な営みをより広く一般的な情報活動へと大きく転換させたのは，組織や社会で認知され，人々が共通に表現内容を理解できる，文字のような記号の登場です。それにより，記録した内容は，単なる個人的な備忘録から他者への伝達をも担えるようになりました。コミュニケーションの範囲が広がっただけでなく，他者との取り決めや約定の記録としても効力を発揮するようになったのです。やがてその記録媒体数が増大してくると，記録を単にしまい込むだけでなく，必要に応じてそれらを取り出せるよう整理・分類して保存・管理するようにもなっていくのです。この記録媒体を保管する仕組みこそが情報システムの原型であり，人々の情報活動の場として認知される，「情報

空間」の範囲や機能性をも拡大することになるのです。しかもそのような情報
システムは，社会生活のあらゆる決め事を明文化して伝え，人々を社会化する
（社会の成員としてふさわしい行動様式を習得させる）手立てとなるだけでな
く，社会での出来事や人間関係がもたらす多彩な物語を先人の知恵として語り
伝える，社会的なシステムともなっていくわけです。

　文字が生まれたころは，それを読み書きできるのは一握りの訓練を受けた人
たちに限られていましたし，それを記した情報メディアも多くはありませんで
した。それにもかかわらず，プラトンの『パイドロス』で，文字がもたらす功
罪について議論されていることからもわかるように（2.2節参照），文字はそれ
を使用する者の社会的な情報活動能力を良くも悪くも強化することとなるので
す。特に，人間は感情移入という行為により，自らを文学作品の主人公や映画
のヒーロー，ヒロインなどの役割に投影し，その物語に共感することができま
す。この感情移入は言い方を変えれば，他人の経験を自身が成り代わって経験
したように感じることができる能力といえます。それゆえに，言葉や文字を用
いた言語表現の技術は私たちの文明とともに発展し，書物や人間による語り継
ぎによって過去の経験や考え方が伝承され，文化を広めることにもなるわけで
す。そして情報メディアは文書や物語の普及と蓄積をさらに拡大し，より多く
の人々が時代を超えてそれらに接することができる情報空間を構築したともい
えるのです。この視点から見れば，多くの人が感情移入による「経験」の場を
得られるようになったことで，「経験の範囲や機会の拡大」がもたらされ，文
化が発展したとさえいえるのです。

　やがて文章の表記方法が確立されて，読み方を学べば書物で学べるようにな
ると，情報メディアがもたらす情報空間を多くの人々が享受するようになった
ことから，人々の情報行動の変化が顕著となります。時期を同じくして，師の
知らないところで学びを深めた修道士らが修道院に疑義を唱えたり，社会的地
位が低い者が反旗を翻す下克上のような事件が引き起こされたりするように
なったといわれています。それだけでなく，書物を読む人口も拡大し，書物の
需要が増大したことから，早く大量に書物を製作できる印刷術が考案され，社
会に受け入れられていき，やがてそれが印刷物の氾濫という事態をも招くこと
となるのです。その事態が出版物を保存・管理する仕組みの重要性を認識させ

ることとなり，図書分類法の策定へとつながり，今日の図書館の礎となったことは第2章に述べた通りです。大量な書物を見つけ出しやすいように決められた分類法によって整理・分類して保管する，という図書館の仕組みこそ，私たちに情報空間をもたらす情報システムの基礎といえるのです。

情報化に伴う生活空間の拡大

　電気通信技術の登場は，情報メディアを電気信号化したことで，それを地球上のあらゆる場所まで瞬時に伝達可能とした点で画期的であったわけですが，情報システムの利用範囲を一般大衆にまで広げた点も見逃せません。電話によるリアルタイムな対話もさることながら，ラジオやテレビのようなマスメディアは，広く一般大衆に向けて同一の情報メディアを配信する情報システムとして認識されるまでになるからです。さらに，映像を配信できるテレビは，視覚に訴えるという最大の魅力を使って視聴者の裾野を広げただけでなく，ニュース報道やCMなど人々への訴求力も高めることにもなったのです。マスメディアが提供する情報は，個人的な欲求に必ずしも応えるものではありませんが，社会での出来事や流行といった社会的状況，注目すべき事柄とその見方など，その社会で生活する人々に役立つとともに，社会化を促す内容が中心となっています。それゆえに社会生活を営む私たちにとって，新聞や雑誌などの印刷物をも含めたマスメディアは，行動の礎となる情報活動に欠かせない情報空間をもたらすシステムともなったわけなのです。

　そしてデジタル情報技術の登場は，このような社会状況をさらに大きく転換させました。コンピュータを核とした情報システムであるCISが構築され，情報メディアのデジタル化が促進されると，形式的な手続きや作業を人間に代行させることも可能となるからです。そして，銀行のATM (automated teller machine) や各種の予約システム (CRS: computer reservation system) のように，利用者がコンピュータと対話して，人手を介さずに必要な処理を直接指示できる機能サービスが，徐々に社会に浸透していくのです。このような機能サービスは，銀行口座の操作や予約といった社会でのリアルな物事と，情報システムが人々にもたらす情報空間とを橋渡しするという意味で画期的な出来事であったといえましょう。そのようなCISを介して，人々の精神的活動である情報活動の場である情報空間と，現実世界との相互作用の可能性が具体的に

示されたからなのです。しかしながらデジタル情報技術が登場したころのCIS
は，個人的に情報メディアを利用していた太古の昔と同様に，個々人の利用範
囲にとどまり，情報空間に目立った変化はありませんでした。個人が自由に利
用できるPCが登場してからも，その状況は大きく変化しませんでした。もち
ろん，PCにより個人の情報処理能力は拡大しましたが，データを自分で収集
するほかなく，更新もされませんので，あくまでも個々人にとっての有用な道
具の域を出ず，情報空間の範囲としては大きく変化しなかったからなのです。

高度な体験空間の実現

　この状況を大きく変えたのがインターネットの登場です。それは，文字登場
以前の個人的な情報メディアと同様に，個々のコンピュータ上で孤立していた
情報システムをインターネットという共通の通信手順を通して他所から利用で
きるようになったからです。特に，WWWの通信手順であるHTML (Hyper
Text Markup Language)は，まさにインターネット上の共通言語として個々
の情報システムが連携できるよう機能し，個々人が利用できる情報システムの
範囲を劇的に拡大しただけでなく，多くの新たな情報サービスが生み出される
ことにもなりました。WWWの普及により，Webページを通して各種のデー
タベースを検索したり，接続された機器を操作してデータを収集したり，さら
にはそれらの機能を用いてインターネット上で商取引したりすることを，個人
が実現できるようになったのです。なかでも特に，マスメディアのような特別
な装置を使うことができない個人が，Webページを通して，国内のみならず
世界中の利用者に向けて，自由に情報発信できるようになったことは，画期的
な出来事といえます。このようにして，インターネットに接続されたCISは，
それを利用する人々にもたらす情報空間の範囲のみならず，現実世界との相互
作用の可能性を飛躍的に拡大することとなったのです。

　その一方で，デジタル情報技術の進展は，文字による言葉や文章だけに限ら
ず，音声や画像，さらにそれらを統合した動画像をも記録・再生できる複合的
な情報メディアの利用を可能とし，その表現形態も多様化させてきました。近
年では，この複合的な情報メディアに触覚や平衡感覚などの情報までをも付加
して，デジタル情報空間を実在空間のように感じさせる，仮想現実 (VR) と呼
ばれる技術も利用されています。VR技術は，私たちの感覚器官を擬似的に刺

図 6.1　情報空間への参加

激することで，知覚に直接訴えかける技法といえ，利用者自身があたかもその
空間内に存在しているような感覚を得ることができます。さらに，スマート
フォンや頭に装着するディスプレイ (HMD: head mounted display) を通して，
現実世界に CIS が作り出す仮想世界を重ね合わせて表示する拡張現実と呼ば
れる技術も利用されるようになっています。これらの技術を用いることで，私
たちは感情移入という行為に頼るまでもなく，擬似的な刺激が作り出す知覚に
より直感的で臨場感のある「経験」ができるのです（図 6.1）。仮想現実や拡張
現実の世界は，今日ではビデオゲームや，車や航空機のシミュレータのような
特殊な環境を対象としたシミュレーション体験だけでなく，機器の遠隔操縦や
内視鏡手術などのように直接触れられないものの接触感覚を与えてくれる操作
インタフェースとしても実用化されつつあります。これらの技術は，人々が想
い描く意味的世界を情報空間として可視化し，自身を情報空間へと誘うだけで
なく，その情報空間を共有して相互にコミュニケーションすることさえも可能
としました。このようにして，今日のネットワーク化された CIS は，私たち
の経験の可能性をも増大させているわけなのです。

6.2　デジタル情報技術がもたらす情報空間の特性

　情報システムは他者とのコミュニケーションの一様式として成立していますから，それを利用することは，他者とコミュニケーションすることに他なりません。相手がコンピュータのような機械であったり，しかもそれが情報収集目的の閲覧利用であったりしても，操作や機能指示といった情報メディアをやり取りし，コミュニケーションしていることに変わりはないのです。しかし，そこで私たちが提供する情報メディアは，意識的に表現したものばかりでなく，むしろその多くは意図せず無意識に提示されています。しかも，デジタル情報技術を基盤とする CIS が形成する情報空間は，それ以前の情報メディアによって形成されてきた情報空間とは，大きく異なる特性を持っています。その特性は，CIS を利用する人々に利便性の向上や行動範囲の拡大といった効用をもたらす一方で，新たな社会現象や問題状況，さらには人々の意識変革とそれに伴う社会変容さえをも引き起こしているといえるのです。

グローバルな情報空間の中の個人空間

　私たちはこれまでにも記憶や管理上の必要性によって，日記や手帳のような個人的なものから，住民台帳や戸籍などの社会的なもの，企業の取引記録や財務状況などの組織的なものまで，実に多くの情報メディアを記録として残してきました。これらの情報メディアは個々人や各組織でしっかり管理され，目的に応じて個別に利用されている分には何ら問題はありません。しかし，それらが情報メディアとして存在する以上，故意または偶発的な事故によって閲覧さ

========

━━━ 情報空間 ━━━

　情報空間 (infosphere) とは，情報 (information) と空間 (sphere) の混成語で，物理的な空間とは別に，人々が扱う情報，データ，知識，コミュニケーションにより独自の秩序が形成されている形而上学的な空間を指し示す用語です。このような意味合いは，本書が対象としている人々の認識としての情報システムが包摂している空間そのものを指し示す用語，と位置づけることができます。未来学者のアルビン・トフラー (Alvin Toffler) が，情報革命を予言したとされることで有名な，著書 *"The Third Wave"* （邦訳『第三の波』）において「情報空間」という語を用いたことで，社会的に用語の認識が広がったといわれています。

れたり，持ち出されたりしてしまう危険性があることは否定できません。しかも，情報メディアがもたらす情報刺激は必ずしも実体を伴いませんし，その価値も人それぞれですから，情報メディアに表現した当事者でさえ，その価値を意識せずにぞんざいに扱ってしまうことすらあります。例えば，個人の秘密や企業の機密事項を走り書きしたメモをシュレッダーにもかけずにゴミ箱に捨てたために，それらが外部に漏れてしまうようなケースはよく発生しています。また，ある機密情報にアクセスできる人がその情報の重要性を理解していなければ簡単に機密を漏らしてしまうでしょうし，逆に重要度を理解していても当事者の倫理観が低ければ個人的利害取引で機密事項を提供してしまうこともあり得るのです。どんな機密情報もファイルなどの形でその情報自体が外部に存在しなければ，当事者から聞き出す以外に入手する方法はありませんが，情報システムを利用すること，つまり情報メディアに情報を表現することは公の場への提供という側面を常に併せ持っていることになるわけです。

　デジタル情報技術が浸透する以前の情報メディアは，紙やフィルムのように実体を伴っていましたので，その保存・管理の範囲も明確で，運用方法も明示的だったといえます。デジタル情報技術の導入は，情報メディアをデジタル信号化した CIS により利便性や機能性を飛躍的に向上できたことと裏腹に，実体がなく直接認知できない情報メディアの管理を迫られることとなりました。しかもそれは容易に複製可能で，ネットワークを通じて瞬時に外部へ伝えることができてしまいます。このような事態に対処するために，暗号化技術を用いたり，情報メディアへのアクセス権限を設定したり，利用者の個人認証を強化したりするデジタル情報技術による対策がとられています。また，そのような情報メディアを扱う CIS をネットワークから物理的に切り離し，利用者も限定することで，アクセス可能な範囲を制限する取り組みもなされています。それだけでなく，情報メディアを託す CIS の運用にあたっては，運用者の限定やその責務をも含めた明確な管理体制が構築され，その危険性を回避するための利用者の自覚の醸成やその実践環境の維持管理もなされています。つまり，CIS が効用を発揮するためには，CIS という新たな情報メディアを取り扱うことを意味しているわけです。それには，より高次な情報システムが必要です。そしてそれは，さらなる効用の拡大に伴い，再帰的により高次な情報システム

が必要となることを暗示してもいるのです。

個人像の情報化

　CIS が形成する情報空間は，情報システムの利用行動にも強く影響を及ぼします。社会的な情報サービスとして構築された図書館や行政機関などの情報システムを利用するには，利用申請書や個人識別情報などの情報メディアの提出が求められ，業務上の管理情報として保存されます。また，商取引においても，高額な商品や配送を伴う場合には，氏名や住所などの個人情報を明記した依頼書や伝票などの情報メディアが不可欠です。ただしこれらの情報メディアはあくまでも業務遂行上で必要な情報を記したものにすぎませんし，保存に手間も空間も必要とされますので，業務が完了し，法的に意義のある保存期間を過ぎれば廃棄されるものでした。しかもそのような記録は，行政や企業などの組織が独自の方法で個別に実施していますから，相互に関連しない独立した情報システムにすぎませんでした。ですから，そのような情報メディアを交わさない，買い物客で混み合う都会の店での現金での買い物は，その人の身なりが印象的だったり，店員の記憶力が優れていたりしない限り，商取引があったこと以外の情報は，応対した店員の記憶に残ることさえほとんどありませんでした。

　しかし，多くの組織での業務に CIS が導入されたことによって，その利用手続きもデジタル情報として記録されるようになりました。さらに CIS の記憶容量が増大したことと相まって，この記録が長期にわたって削除されずに残されるようにもなっています。店での買い物でも，クレジットカードやポイントカードなどを利用してもらうことで，CIS にデジタル情報として取引記録を残そうと躍起になっています。その情報に基づいて顧客の動向をつかみ，顧客の要望に応える商品を取り揃えることで，さらに繁盛させたいと店側は考えているからです。このようにして今日の私たちは，商取引で利用する CIS との相互行為を通して，必然的に利用の痕跡としての個人情報を残すこととなるのです。

　多くの場合，その個人情報は直接利用されるのではなく，年齢や性別，居住地，職業，趣味，購買動向などの個人の属性による市場動向把握のために用いられています。しかし往々にして，詳細な個人情報は他の関連する情報と統合され，先に情報の特性に従って新たな価値としての情報集合が創出されること

にもなります。少なくとも，同一のクレジットカードや電子マネーを利用し続けければ，その人がいつ，どこで，いくら支払いをしたのかという履歴がわかりますし，場合によっては取引内容もわかりますので，それらの情報の分析を通してその人の消費行動の特徴が浮かび上がってきます。さらに，インターネット上に散在する CIS に記録された，利用情報のような断片的な個人情報をつなぎ合わせていくことで，図 6.2 に示したような，CIS による情報空間内での個人像さえ形成できてしまうのです。このようにして形成された個人像は，現実世界の本人像と同一ではありませんが，本人の知らないところで，その人の私的情報を持った個人像として一人歩きすることさえあるのです。断片的な個人情報がそのような形で勝手に組み合わされ，それによって個人像が形成されることでさえ，当事者にとっては心外なことでしょう。そればかりか基礎となる情報が間違っていたり，誤った処理がなされたりする場合，当の本人とは似ても似つかぬ個人像が形成される危険性さえあるのです。

　現状では，CIS による情報空間上で誤った個人像が形成されていたとしても，それを当人が公式に知る術はなく，ましてやそれを訂正する手だてはほとんどありません。役所の私的資料のような公的機関の情報であれば，修正手続

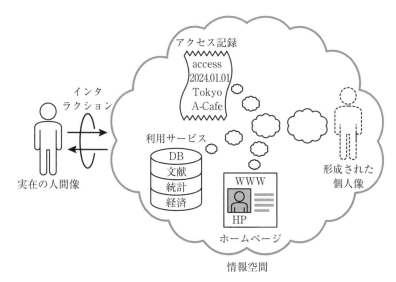

図 6.2　情報空間での個人像の形成

きもとれましょう。しかし，企業が保有する私的な情報の場合にはその存在すら公式には知ることができません。また，たとえそれらの情報がうまく修正できたとしても，一度その情報空間に広まってしまった個人像をすべて訂正することはかないません。

　ネットワーク接続されていない孤立したCISを利用するのであれば，利用記録が電子化されている以外はこれまで多くの組織でなされてきた記録と同様に考えることができます。しかし，ネットワーク化されたCISでは，少々様子が異なります。そのようなシステムでは，具体的な個人情報に直接アクセスできなくても，いつ誰がどこからそのシステムを利用したかとか，システム内でどのような情報へアクセスしたかというような単純なシステム利用記録がわかれば，個人行動や個人の嗜好の特性が間接的に浮かび上がる可能性があるからです。しかも，ネットワーク化されたCISではそれらの情報を収集することが遠隔地からでも容易に行えてしまうのです。

　CISの処理能力がめざましく向上したことにより，利用者の痕跡の残存期間は大きく引き延ばされ，データ項目もより詳細な情報行動が分析できるほどに増大しています。特に，携帯電話やスマートフォンを常時使用するようになった現代社会においては，私たち利用者がいつ，どこで，何の情報にアクセスし，どんな行動をしたのかまで記録に残されています。それらは，多くの人々が時々刻々発生させている大量なアクセス記録データであることから，ビッグデータとも呼ばれ，人々の消費行動や街中での人の流れを分析するために利用されています。そのような情報分析に基づいた商取引の動向調査やダイレクトメール販売などは鬱陶しく感じさえしなければ，個人的にはそれほど大きな問題とはなりません。しかし，私たちの情報行動を監視，管理するために利用されるとすれば，本来情報行動を活性化し，利便性を図り，支援するはずのCISが，逆に私たちの情報行動を束縛し，自由を奪うための道具ともなりかねません。それは，G・オーウェルが『1984年』で描いた超監視社会そのものといえましょう。

人間関係を解体するCIS

　さらに重要なのは，S・タークルも指摘しているように，人と人とを繋ぎ，より豊かな社会を構築するはずのインターネットに，実は人間関係を疎遠にし

てしまう危険性が潜んでいるという点です。図 6.3 (a) に示すように，従来は
まず現実世界でのリアルな人間関係が先にあって，そこに情報システムが形成
されていました。その場合には，あくまで主たる情報システムは人間ネット
ワークの側にあり，CIS は補助的な存在にすぎません。しかし，スマートフォン
や SNS が日常的なコミュニケーション手段となった今日では，リアルな人間
関係よりも先に，CIS が介在するメディアコミュニケーションだけによる間接
的な人間関係が構築されることが多々あります。この場合には，CIS ネット

=== **超監視社会：G・オーウェル著『1984 年』** ===

　"*Nineteen Eighty-Four*"（邦訳『1984 年』）は，英国の作家ジョージ・オーウェ
ル (George Orwell) が 1949 年に刊行した SF 小説で，近未来である 1984 年にお
けるディストピア（dystopia：ユートピアとは反対の暗黒世界や地獄）を描いた作
品です。第 3 次世界大戦後に出現した全体主義国家によって分割統治された近未
来世界では，隠しテレビカメラやマイクによって全国民の一人ひとりの行動が監視
されるという，極端な集中型情報管理社会の恐怖が描かれています。しかもその社
会では，過去になされた統治者の予測が常に現実になるように，不都合な歴史を
次々と書き換えています。それだけでなく，個人で日記をつけて記録したり個人的
見解を持ったりすることは禁止されており，社会に対する疑問や，個人的価値観を
匂わせるような行動をすると当局に捕まり，社会へ帰順させるための洗脳という処
刑が待っているのです。

=== **シェリー・タークルの視点** ===

　シェリー・タークル (Sherry Turkle) は，米国の社会学者であり，MIT で科学技
術の社会学的研究を専攻する教授です。彼女は，精神分析と人間とテクノロジーの
相互作用に焦点を当てて研究を進めており，人間とテクノロジーとの関係の心理
学，特に人々とコンピュータとの関係性についての著書を執筆しています。その一
冊である "*Life on the Screen*"（邦訳『接続された心』）の中で，彼女は，人種，
国家を超えて多くの人間を結びつける新たな空間であるインターネットに集う人々
の，生活様式，社会認識，自己認識のあり方などの事例分析を通して，変わりゆく
心のかたちについて論じています。近年出版された "*Alone Together*"（邦訳『つ
ながっているのに孤独』）では，スマートフォンのように人々の心を満たす技術こ
そが，人間らしさを失わせることを論じ，現代社会における人間関係の危機的な様
相を示唆しています。

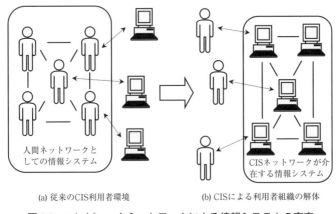

(a) 従来のCIS利用者環境　　　　　　(b) CISによる利用者組織の解体

図 6.3　コンピュータネットワークによる情報システムの変容

ワークが介在する情報システムが主となって，物事が進められていくため，特別なことがない限りはリアルな人間関係が形成されないこととなってしまいます。学校や会社のように人々が集う場があれば，そこでリアルな関係性を構築できる可能性もありますが，遠隔授業やリモートワークのようにすべてを CIS ネットワークでこなす場合には，関係性を構築できる機会はほぼなくなってしまうのです。CIS でやり取りされる情報は，本質的には定型化された明示的な内容にすぎません。本来のリアルな人間同士のコミュニケーションで交わされ

=== **E・ゴッフマン著『行為と演技』** ===

　カナダの社会学者であるアーヴィング・ゴッフマン (Erving Goffman) は，1959 年に刊行した "*The Presentation of Self in Everyday Life*"（邦訳『行為と演技』）で日常生活における人々の社会的相互作用の仕方を演劇的視点で微視的に捉えて分析しています。特に，コミュニケーションにおける表舞台である「表局域」と，その準備に勤しむ舞台裏である「裏局域」における行為や会話の分析は秀逸で，人間関係が織りなす様々な人間模様の社会的要因について具体的事例を通して明らかにしています。本書の事例は，半世紀以上前の社会的文脈での出来事ですが，そこでの人々の行為は現代社会でも通じることであり，多くの示唆を与えてくれます。なお，2023 年に新たな訳書として『日常生活における自己呈示』が出版され，現代用語で読みやすくなりましたので，一読されることを強くお勧めします。

る情報メディアに含まれる，微妙なニュアンスや雰囲気などの定型化できない経験的な内容が伝わらないため，リアルな人間関係で補う必要があるのです。ですから，図 6.3 (b) の関係では，事務的な物事の遂行は可能なものの，関係者相互の理解や本質的な議論は困難なだけでなく，関係者たちはむしろ疎外感さえ感じてしまうかもしれません。しかもそのような状況は，心理的にも満たされず，充足感を求めて多くの情報を求めてしまいがちで，その行為がさらに満たされない心理状態を招くという悪循環に陥る危険性さえはらんでいます。

　近年，口頭のコミュニケーションでの本音と建前の使い分けが，従来と逆転しているように感じられて戸惑うことがよくありますが，その状況もこのような情報システムの変容が関係しているのかもしれません。情報システムが人間ネットワークから CIS へと移行したことで，E・ゴッフマンが『行為と演技』で提示した表局域と裏局域も入れ替わり，本音と建前の提示が逆転したとも捉えることができるからです。しかも CIS が介在する情報システムでは，戯れのようなコミュニケーションがなされたとしても，内容の逸脱は許されないことでしょうから，人間的な冗談でさえ批判を受けたり糾弾されたりすることとなってしまうことでしょう。

6.3　情報行動の変化がもたらす社会の諸相

　CIS が導入される以前の情報システムでは，大量の情報メディアを整理し，分類することが容易でなく，保存した情報メディアの検索や伝達性能も限られていました。また，数値情報を計算処理したり，グラフや表の形にまとめたりというような意思決定に役立つ形に情報を加工するにも時間がかかりました。CIS を導入して情報メディアがデジタル化されたことにより，これらの情報処理作業にかかる時間が大幅に短縮されただけでなく，大量な情報メディアを効率的に整理したり検索したりできるようにもなりました。さらにインターネットが普及したことにより，国内のみならず世界各地から，最新の情報がほぼリアルタイムに届けられるようにもなりました。これにより，私たちは地球規模での広範な領域の出来事を瞬時に知ることができるわけです。

CIS 利用による意識の変容

　しかしそのことは，世界中の広範囲な領域で発生する大量の情報が時々刻々送りつけられることをも意味しています。しかも，デジタル情報技術の進展は情報加工に有用なツールを次々と生み出し，データのデジタル化と相まって，短時間にデータを表やグラフの形にビジュアル化できるようになりました。そのため，これまで手作業をしながら考えたり，考えをまとめたりしていた過程が省略されて，いきなり整理されビジュアル化されたデータを見せつけられ，状況の判断や意思決定のみを迫られる事態となってしまいました。そのような事態に直面すると，多くの人は心理的に不安をかき立てられるため，たとえ処理過程やその意味合いを知っていたとしても，分析結果の価値を低く見積もることとなり，他のデータ分析手法で再確認してみたり，意味もなくより複雑な解析を試みたりすることにもなりかねません。その一方で，このような事態に慣れてしまうと，データを精査することもなく，何も考えずに提示された処理結果のみを鵜呑みにして，判断を下してしまう事態へと導かれる危険性もはらんでいるのです。それは別の視点から見れば，データや分析結果が本来持っている重要な意味を見極める洞察力が人間側に失われつつあることの表れともいえましょう。

　CIS が導入されて飛躍的に機能性が高まった現代の情報システムは，それを利用する私たちの社会的な立ち位置と物事を捉える視点を大きく変化させます。それによる効果には，図 6.4 に示すように，メリットとデメリットといえ

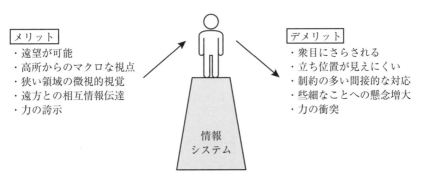

メリット	デメリット
・遠望が可能	・衆目にさらされる
・高所からのマクロな視点	・立ち位置が見えにくい
・狭い領域の微視的視覚	・制約の多い間接的な対応
・遠方との相互情報伝達	・些細なことへの懸念増大
・力の誇示	・力の衝突

情報
システム

図 6.4　情報システムの高機能化による足場の変化

る2面性があります。まずメリットとしては、情報システムの機能性が高まることにより、利用者の立ち位置は高くなるため、遠望が利き、高所からマクロな視点で物事を見ることができるようになります。また、狭い領域をより詳細に見る微視的視覚も強化し、遠方とのコミュニケーションも緊密化します。これに対して、立ち位置の上昇は衆目にさらされることをも意味しますので、周囲への気配りや対応が欠かせなくなると同時に、些細なことも周囲に知られてしまうことから、懸念事項が増大してしまうデメリットが挙げられます。しかも、常に望遠鏡や顕微鏡を装着しているような状態であることから、かえって足下は見えにくくなり、物事への対応もそれらのシステムを介した間接的で形式的なものにならざるを得なくなってしまいます。また、利用者が情報システムの機能性を駆使することは、その人の世間への影響力を高めることになることから、自身の持てる力の誇示につながり、そのような人々が多数出現することとなれば、当然、力の衝突が発生することにもなってしまいます。

　特に、CISの機能性の向上と社会への普及浸透状況の拡大は、それを利用する人々の意識にも大きな変化を及ぼします。大型汎用コンピュータによる初期のCISは、図6.5 (a) のように、利用範囲や機能性が限られていたにもかかわらず、利用者が使用させてもらうというように、CISの方が強い立場にありました。PCが普及し、ネットワーク接続されるようになると、図6.5 (b) のように、利用者が多数のPCを利用する立場となり、CISはサービスを提供する使

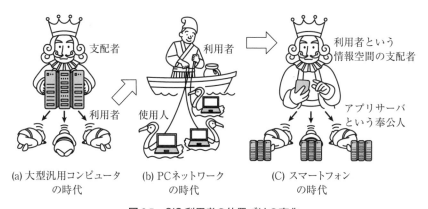

図6.5　CIS利用者の位置づけの変化

図 6.6　人の注意力という魂を吸い取る，スマートフォンの魔力

用人のようになり，立場が逆転してしまいます。それは，CIS による情報空間の拡大がもたらす全能感からナルシシズムに陥る利用者が出るほど，劇的な変化でした。現代ではその状況が一般化しただけでなく，さらに強化され，いつ，どこからでも，スマートフォンを通してアプリサーバに接続して，サービスを享受できるようになりました。それはまるで，図 6.5 (c) のような，CIS がもたらす情報空間に散在する奉公人の支配者のような立場に利用者がなったようにさえ感じられることでしょう。しかし，スマートフォンを常用し画面に心を奪われている姿は，ホラー映画で描かれるような魔物に精気を吸い取られている姿と重なって見えてしまいます（図 6.6）。それは，SF 作家の眉村卓が『幻影の構成』で描いた，情報管理システムによって秩序が保たれた幸福な未来都市で人々が常時携行する「イミジェックス」とも符合し，彼が警鐘を鳴ら

=== **スマートフォン依存社会：眉村卓 著『幻影の構成』** ===

　SF 作家の眉村卓が 1966 年に刊行した『幻影の構成』では，市民一人ひとりに提供される，イミジェックスと呼ばれる情報管理システムによって秩序が保たれている未来都市が描かれています。イミジェックスは子どもの誕生と同時にあてがわれ，日々の生活すべてに関わる情報を提供された市民は幸せな生活を送っています。しかし，それはシステムが作り出し市民に信じ込ませていた幻影にすぎなかったのです。人々がイミジェックスを携行し，常時使用している姿は，まさに今日のわれわれがスマートフォンを携行する姿と重なり合う光景で，物語が伝える高度文明社会に潜む危機と矛盾は，現代社会の問題ともいえましょう。

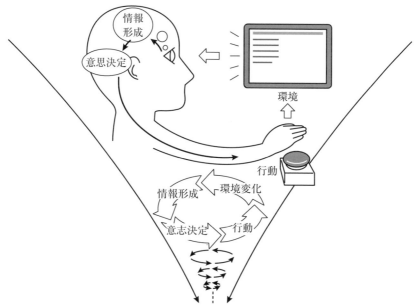

図 6.7 CIS の利活用がもたらす情報活動サイクルの短縮化

すように，高度文明社会に潜む危機と矛盾が現実のものとなりつつあるように
も見えてしまいます。

情報活動サイクルの短縮化

　A・M・マクドノーがモデル化して示したように，人々は直面する問題と環
境認識の中で形成された情報に基づいて，意思決定し，行動しています。この
意思決定サイクルの観点から見れば情報システムの利用目的は，短時間で必要
な情報を集めて，意思決定に必要な形にまとめることにあるといえます。しか
し，意思決定は環境に対して新しい行動を働きかけることにほかならず，それ
は期せずして新しい環境を作り出すことにもなってしまいます。新しい環境は
当然新たな情報を形成することになりますから，またそれに対応した意思決定
が必要とされ，次の行動へとつながっていきます。CIS は，図 6.7 に示したよ
うに，このサイクルにおける情報形成に関わるデータや問題状況の収集を早
め，場合によっては意思決定後の行動を早めることから，サイクル全体の時間
は短縮されることになるわけです。この時間の短縮化は少々の環境変化に対す

る短時間での反応を引き起こすようにもなることから，次々と意思決定が求められることとなり，意思決定サイクル自体がさらに短縮化していくこととなるわけです。

　意思決定サイクルの短縮化は環境のかく乱を引き起こすことになります。その顕著な例としては，1987年10月にNY株式市場で発生したブラックマンデーと呼ばれる株価の急暴落事件が挙げられましょう。これはプログラム取引と呼ばれる，コンピュータプログラムを用いた株式の自動的な取引が引き金になったといわれています。当時，市場は高株価状態で，株価は上昇傾向にありましたが，取引が飽和状態であったために，その状態は不安定でした。そこに，一時的な価格低下現象が現れたことが引き金となって，売り注文が短時間に殺到することとなり，暴落が始まったとされています。そのような価格変化は，CISを用いた取引が多かったことから短時間に拡大されることとなり，ついには記録的な大暴落を招いてしまったというわけです。

　しかし，そのような高株価に導かれたのも，意思決定サイクルの短縮化が原因と考えることもできます。つまり，株価上昇中は多くの人たちが本来の価値を冷静に考慮することができずに売買意思決定のみを迫られた結果として，さらなる株価の上昇が導かれてしまったとする見方です。そのため，経営実態から乖離したバブル状態と呼ばれるような高株価状態となり，そのことが逆に大暴落を導く要因となったと考えることもできるのです。現代の社会は，このような顕著な例だけではなく，意思決定サイクルの短縮化が私たちに数多くの意思決定を継続的に要求しています。それは環境のかく乱ばかりでなく，私たち人間にも短時間での意思決定を迫ることから，極度の集中や緊張感が絶え間なく続くことになり，人間の精神状態を悪化させるテクノストレスと呼ばれる社会問題にもつながっていくのです。

　CISによる意思決定サイクルの短縮化は，現代の社会生活を営む人々に，より短時間での情報収集を迫ることにもなっています。そのため，じっくりと時間をかけて認識しなければならない情報メディアは，大量に流通する情報を獲得するのには適さず，より直接的で具体的な情報メディアが求められるようになるのです。その顕著な社会現象としては，多くの現代人に見られる文字離れが挙げられましょう。その一方で，漫画化された書籍やアニメーションが文字

に代わる勢いで台頭しています。しかも現在では，物語だけでなく，教材や時事の解説にも漫画やアニメーションが利用されています。このような背景としては，単にそれらの制作技術の改善だけでなく，短い時間で情報の要点を確実に理解するためのメディアが社会的に求められていることも要因といえましょう。視覚に直接訴えかけるこれらの情報メディアは，必要な情報を簡潔にわかりやすく伝達するのに適しているからです。

　文学や物語では文章に表現された情景を想像して理解しますが，視覚的なメディアでは，視覚を介して漫画で描かれた人物や情景に直接接することで話の筋を簡潔に理解しているのです。また，単純な計算や情報の整理が機械によって自動的になされるようになったことで，人間は本質的に考えなければならないことに時間を割けるようになりました。しかし，そのような本質的な思考ができるようになるには，多くのことを理解して判断できる能力が必要とされます。そのため，そこまでの能力を発揮できない，あるいは訓練を受けることができない多くの人々は，そのような思考を要求されないだけでなく，彼らにできる簡単な思考の多くは機械によって高速に処理されることとなってしまいます。しかも AI 技術の進展は，その適用範囲をさらに拡大しつつあるのです。このような環境は，人間の本質的な知的刺激であるはずの，想像力や思考力をかえって抑制する結果となり，考える喜びや楽しみから人間を遠ざけてしまうことが危惧されます。その結果，情報メディアから得られる情報をそのまま受け取って漫然と消費して，多くの情報メディアに流されてしまう結果となるだけでなく，情報に対する深い洞察力を欠くことにもなり，図 6.8 のように，特徴のある断片的な情報のみから誤った認識をしてしまうことさえあるのです。

　このような状況に陥るとしてもなお，高機能な CIS に支えられた社会は，果たして本当に人間的な幸せを私たちにもたらしてくれるのでしょうか。現代社会に生きる私たちは，デジタル情報メディアという多種多様な情報刺激の触手に囲まれて日々生活しています。そのような情報刺激は多様化の一途をたどり，刺激もどんどん強くなっています。刺激の強さは，単に印象が強いというばかりでなく，伝達される情報量の多さや内容の多様さなども含まれます。例えば，名画と呼ばれる昔の映画を見て，感動よりも話の流れがスローテンポであると感じた人も多いのではないでしょうか。米国での調査によれば，映画の

図 6.8　離散情報による誤認識

中で1分間に話される単語数が年々多くなってきているとのことですし，音楽でも歌うように多くの言葉で語りかけるラップが流行しています。このような現代の映画や音楽を特に違和感なく受け入れている私たちから見れば，直接的な情報刺激が少ない名画をスローテンポと感じるのは至極当たり前のことといえましょう。

　この現象は，私たちの情報処理時間が短縮化されたことと同時に，単位時間当たりの情報刺激が強くなったことを意味しています。それは単に個々人の欲求のみによってではなく，デジタル情報メディアを利用する社会の様相によって強化されてきたと捉えることができます。例えば満腹感で満ち足りた人には，目の前においしそうなごちそうを並べられても新たな食欲が湧かないように，情報の種類と量の増大は個々の情報が人々にもたらす効用を次第に減少させてしまいます。そのような社会の状況下で人々の注意を喚起するためには，よりセンセーショナルな強い刺激を提供しなければなりません。その繰り返しが情報刺激の強化を導いた要因の一つといえるのです。多様なデジタル情報メディアが大量に飛び交う社会では，さらに情報刺激の強化が進むこととなりましょう。しかしそこで交わされる情報は，人間が生きていく上で本当に重要な情報というよりは，その環境に生きる人間の興味や注意を喚起するためだけの刺激にすぎないものが多くなってしまいます。それは，ちょうど木を見て森を見ずという言葉が示すように，強い刺激にのみ注意が集まって，それを取り巻

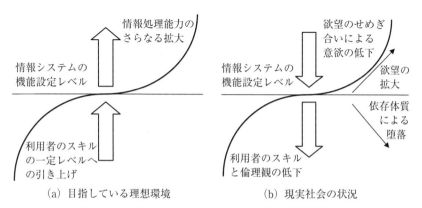

図 6.9　情報システムが目指す理想環境と現実との差異

く環境や背景には注意が払われないことと同様です。そこでの情報システムの利用者はあくまでも支援される対象で，主としてより強い刺激を求める情報の消費者として捉えられていたと見ることができます。それは情報刺激の強化サイクルをより助長させてしまうのとは裏腹に，情報システムの利用者としての個人の情報に対する洞察力や判断力を鈍らせてしまうのです。

欲望と誘惑の渦中にある個人

　高度情報化社会といわれる現代の社会は，人間の情報行動を支援し，その限界を克服するためのデジタル情報技術に支えられた CIS によって実現されてきました。それは，図 6.9 (a) に示したように，誰でもが標準的な社会生活を営めるよう，スキルの低い者を支援する一方で，標準レベル以上の者にはさらなる能力の拡大に貢献する道具となり，それにより得られた成果を社会に還元してもらうことで，社会全体のレベルを向上させるという理想的な環境の構築を目指したものといえます。しかし現実には，図 6.9 (b) のように，標準レベルのスキルを持ちながらも支援機能に依存して堕落してしまったり，能力の拡大により得られる成果を自身だけによる成果と勘違いして，欲望のみが拡大し，得られた成果も社会に還元せずに私蔵してしまったりすることで，社会全体のレベルも意識も低下しているのが実状といえましょう。このように，社会を情報システムとして捉えてみれば，個々の情報システム利用者は，社会という情報システムの構成員として，単にシステムがもたらす機能性を享受するだけでなく，システムに支えられていることを自覚して，成果が得られるように努め，それを社会に還元することで社会を支えるという仕組みが機能できるような取り組みが不可欠であることがわかるのです。

　しかしながら，高機能な CIS を基盤とする高度情報化社会では，それも難しいこととなってしまいます。人は努力して標準より高い能力を獲得したり，身につけたりすることで，達成感や優越感を得ることができ，またそれが次の高みに向かわせるインセンティブともなっています。ところが高度情報化社会では，人々が CIS の機能性を享受できることから，標準レベルが向上してしまうだけでなく，ハードルも高めてしまうため，それを乗り越えることは容易ではありません。しかも標準レベルが高いため，少し乗り越えた程度では目に見える成果として認識され難く，努力のわりに報われない状況となってしまい

ます。それは，提供された標準レベルに人々を収れんしようとする力として作用するため，結果として，それを超える能力や技能を開発しようとする人が，ほとんどいなくなってしまうのです。

　その一方で，高度情報化社会では，CIS がもたらす，客観的で形式的な物事が氾濫することから，より主観的で人間的な物事が希求されるようにもなります。それに応え，あるいはつけこんで，標準を逸脱した多くの物事が提供されるようにもなりますが，本当に優れたものとまがいものは，紙一重で表裏一体のような関係にあるといえます。それらの多くは経験を積んでよく吟味すれば見抜けるものといえますが，これまでに述べてきたように，そのどちらも高度情報化社会では忌み嫌われ，高機能な CIS に依存して手早く効率的に処理しようとする，余裕や遊びのない行動が求められることから，逆にその隙をつく形で，そのようなまがい物がますます幅を利かすようになってしまうのでしょう。そしてそのような状況が，嘘と誠，虚と実，語りと真実，表層と真意，建前と本音などが入り交じった混沌とした社会の様相を醸成することとなってしまうのです。

　人間はただ単に生きることだけを目的として，衣食住に関する根元的な意思決定をしているわけではありません。生活基盤の確保は，私たち生き物にとってまず解決すべき必須の問題であることは確かです。「衣食足りて礼節を知る」という格言があるように，私たち人間はその問題からある程度解放されたとき，生活の質や文化的な活動について考えたり，本を読んだり，テレビやラジオを視聴したりというような，自己の精神性を高めるための情報行動が活性化

遊ぶことは学ぶこと：J・ホイジンガ著『ホモ・ルーデンス』

　ヨハン・ホイジンガ (Johan Huizinga) は，オランダの歴史家で，歴史学，民族学，そして言語学を総合した独自の研究知見から人間の本質を「遊戯」に見出し，1938 年に『ホモ・ルーデンス』を刊行しました。人間をはじめ，高等動物は遊びを通して学ぶということに言及し，「人間の文化は遊びにおいて，遊びとして，成立し，発展した」と，遊ぶことの重要性を論じています。人間活動の本質が遊びであり，文化の根源には遊びがあること，さらに遊びと勉学あるいは社会的学習を対立項として遊戯的行為を圧する近代社会の危うさに警鐘を鳴らしています。

されるようになるのです。しかし，今日のような自立した情報メディアが氾濫する状況は，精神性を高めることとは反対に，人々の欲望をかき立てて拡大し，倫理観を失わせ，満たされない欲求を大量の情報メディアの消費で紛らわせるような，退廃的な様相へと社会を導いてしまいます。そのような情報メディアとうまく付き合い，その機能性を活かせる社会を形成していく礎となる情報システムの実現には，まずそのシステムの一要素である私たちが，その流れに棹をさし，流されずに立ち止まり，情報メディアとじっくり向き合わなければなりません。そのためには，自分を見失わずに社会生活を営める素養を身につけることとともに，自分自身のことでもある，「足ることを知る」ことが重要です。ただそれは，欲望の対極にある高い精神性が要求され，基礎を身につけるにも修練が必要とされるため，容易なことではありません。しかしながら，情報システムによる情報メディアの流れを加速させ続け，人々の欲望が極限まで拡大された世界の様相について，想像をめぐらし，私たち自身の情報行動を再考すべき時期を迎えているのではないでしょうか。

足るを知ること：『老子』

中国春秋時代における哲学者である老子が残したとされる道徳経の『老子』には，「足るを知る」ことが繰り返して説かれています。よく知られた言葉として，「足るを知る者は富み（知足者富），強（つと）めて行う者は志を有す（強行者有志）」があり，満足することを知っている人は精神的に豊かであり，それでいながら努力する者にこそ本当の志が宿っている，と説いています。また，「足るを知らば辱しめられず，止まるを知らば殆うからず。以て長久なる可し」のように，満足することを知っていれば恥をかかされることはなく，ある程度で止めることを知っていれば危うさを回避でき，長く続けることができる，とも説いています。

知足の蹲踞（つくばい）

老子の言葉は，仏教の教えに由来するといわれ，そのような言葉としては，京都の龍安寺にある「知足の蹲踞（つくばい）」に刻まれた「吾唯足知（吾唯足ることを知る）」が有名で，知足のものは，貧しいといえども富めり，不知足のものは，富めりといえども貧しい，という知足の心を図案化したものといわれています。これらの言葉が物語っていることは，人間にとって満足の境地に立つことがいかに困難か，ということではないでしょうか。ましてや情報化社会において……。

演習問題

課題1：個人的な目的で利用している情報システムを取り上げ，どんな情報メ
　　　　ディアを使って，何の情報を表現し，そのシステムにどんな機能を期
　　　　待して利用しているのかを考えてみましょう。

課題2：学校教育でのCIS利用のあり方について，発達途上の児童が伸ばす
　　　　べき能力とCISの支援機能との関係を踏まえて，注意すべき点につ
　　　　いて考えてみましょう。

課題3：空想と現実が入り交じることによる弊害について考えてみましょう。
　　　　また，それが遠因となって起こったと考えられる具体的な出来事を挙
　　　　げながら，その因果関係について議論してみましょう。

参考文献

Goffman, Erving (1959) *The Presentation of Self in Everyday Life*, Doubleday & Company, Inc.（石黒毅 訳 (1974)『行為と演技：日常生活における自己呈示』，誠信書房），（中河伸俊・小島奈名子 訳 (2023)『日常生活における自己呈示』，ちくま学芸文庫，筑摩書房）.

廣松渉 (1988)『哲学入門一歩前：モノからコトへ』，講談社現代新書 0916，講談社.

Huizinga, Johan (1956) *Homo Ludens: Vom Ursprung der Kultur im Spiel*, Rowohlt Verlag（高橋英夫 訳 (1973)『ホモ・ルーデンス』，中央公論社）.

加藤秀俊 (1963)『整理学』，中公新書，中央公論社.

加藤秀俊 (1972)『情報行動』，中公新書，中央公論社.

松岡正剛 監修 (1996)『増補 情報の歴史』，NTT 出版

Orwell, George (1949) *Nineteen Eighty-Four*, Penguin Books（新庄哲夫 訳 (1972)『1984年』，早川書房）.

プラトン著，藤沢令夫 訳 (1967)『パイドロス』，岩波文庫 青 601-5，岩波書店.

Rogers, Everett M. (1986) *Communication Technology : The New Media in Society*, Methuen（安田寿明 訳 (1992)『コミュニケーションの科学：マルチメディア社会の基礎理論』，共立出版）.

老子著，蜂屋邦夫 訳 (2008)『老子』，岩波文庫，青 205-1，岩波書店.

佐藤俊樹 (1996)『ノイマンの夢・近代の欲望：情報化社会を解体する』，講談社.

佐藤俊樹 (2010)『社会は情報化の夢を見る（「新世紀版」ノイマンの夢・近代の欲望）』，河出文庫，河出書房新社.

佐藤俊樹 (2011)『社会学の方法：その歴史と構造』，ミネルヴァ書房.

Sproull, Lee and Kiesler, Sara (1991a) *Connections : New Ways of Working in the Networked Organization,* Cambridge, Mass., The MIT Press（加藤丈夫 訳 (1993)『コネクションズ：電子ネットワークで変わる社会』，アスキー）.

Sproull, Lee and Kiesler, Sara (1991b) "Computers, Networks and Works", *Scientific American,* **255**(9)（斉藤信男 訳 (1991)「変わる労働環境」『日経サイエンス』Vol.21, No.11, 日経サイエンス社, pp.104-112).

Toffler, Alvin (1980) *The Third Wave,* Collins（鈴木健次 他訳 (1980)『第三の波』，日本放送出版協会）.

Turkle, Sherry (1995) *Life on the Screen : Identity in the Age of the Internet,* Simon & Schuster（日暮雅通 訳 (1998)『接続された心：インターネット時代のアイデンティティ』，早川書房）.

Turkle, Sherry (2011) *Alone Together : Why We Expect More from Technology and Less from Each Other,* Basic Books（渡会圭子 訳 (2018)『つながっているのに孤独：人生を豊かにするはずのインターネットの正体』，ダイヤモンド社）.

吉見俊哉 (2012)『メディア文化論 改訂版』，有斐閣アルマ，有斐閣.

吉見俊哉・水越伸 (1987)『メディア論』，放送大学教育振興会.

横山俊夫 編著 (2012)『ことばの力：あらたな文明を求めて』，京都大学学術出版会.

第**7**章
情報システムというメディアを捉える視点

　社会の情報化とは，日々の活動でデジタル情報機器やそのサービスを道具として利用できることではなく，それらの機器やサービスが人々の日常的な社会生活の中に位置づけられ，齟齬なく利活用できる社会基盤が構築された状況を指しています。つまり，社会が情報化されているという状態は，単に物理的なCISを導入することだけで果たされるわけではなく，そのCISの利用者たちの営みが，情報システムとして認識できるレベルにまで昇華されることによって，初めて到達できる社会状況といえるのです。その意味からすれば，個人の私的なコミュニケーションのための携帯端末によるCISは，人々の日常生活の場という情報システムを形成しているといえましょう。なぜなら，それは社会や組織から押しつけられたものではなく，世界共通の生活者視点でデザインされ求められて主体的に形作られているからです。

　これに対して，組織や社会に導入されるCISは，種々の組織的および社会的状況下で意思決定されることとなるため，個人のシステムのように新たな情報システムを醸成し難く，むしろ形式的側面が強く前面に押し出されてしまいます。このような社会的文脈は，情報システムを組織や社会そのものとして捉える視座を育むことができず，CISと人々の営みとを結びつける窓口のように矮小化して捉える，視野の狭い認識の枠組みへと陥らせてしまいます。そしてこのような狭隘な認識は，情報システムに対する議論を誘発させないため，社会や組織での真の問題やあるべき姿，ひいては人々が希求する情報化社会の姿を導出し進展させるための糸口をも失わせてしまいます。そのような状況に陥らないようにするためには，新たな技術開発や技術の適用よりは，むしろ社会的文脈の中で社会システムとしての議論を誘発できる情報システムの認識の

枠組みを構築し，普及・啓蒙することこそが，少々遠回りには見えますが，最も重要なことといえます。本章では，情報システムに対する議論を誘発させるための第一歩として，その総体を捉える分析視点となる社会学的な枠組みを提示します。また，その枠組みに基づき，情報システムというメディアの観点から社会変容のダイナミズムについて説明します。

7.1　社会的な文脈に依拠するメディアとしての捉え方

　CIS を核とした情報メディアをめぐる一連の処理や操作の仕組みを情報システムと捉えることは，世界共通であると言っても過言ではありません。それは，社会生活の中で人々の営みとして構築されてきた，人の手による各種の情報メディアを介した明示的でないコミュニケーションシステムが，コンピュータの登場により，外在する自動機械システムとしてその存在を認識できるようになった経緯からしても，ある意味当然のことと言えましょう。ただし，第 1 章でも述べたように，このような私たちの情報システム認識は，コミュニケーションの一形態である，特殊な情報のやり取りのみを捉えたものにすぎません。ですから，CIS のような機能システムのみに目を向けていては，私たちのコミュニケーションにもたらす影響や，その中での位置づけを正しく評価することができません。そればかりか，私たちの社会生活全般に深く関わるメディアとして，マクロな視点からの議論へも発展しないことから，社会的問題と CIS との関わりだけでなく，社会における CIS のあり方のような，本質的な問題に取り組むことが困難になってしまうのです。しかし，機能システムがもたらす社会的状況や人々の意識の変容なども射程に含める，メディアとしての情報システムの捉え方は，社会的な文脈に強く依拠するため，文化圏や社会の状況の差異によって大きく異なってしまいます。その顕著な事例としては，多様な言語文化圏に対応した解説が掲載された事典である Wikipedia における，情報システム項目についての日本語と英語での記述の差異を挙げることができます。

　Wikipedia 日本語版での「情報システム」項目と，それに対応する英語版での "Information system" 項目とを外形的に比較してみると，図 7.1 に示したように，その記述量の違いにまず気づくことでしょう。しかも，ページ内での文

(a) 日本版「情報システム」項目   (b) 英語版 "Information system" 項目

図 7.1 Wikipedia における「情報システム」と "Information system" の記述ページの差異

(a) は https://ja.wikipedia.org/wiki/情報システム より (2024.4.4 accessed)，(b) は https://en.wikipedia.org/wiki/Information_system (2024.4.4 accessed) より.

字の詰まり具合としては，感覚的には英語版の方が密度が濃く，より多くの文字が詰まり，しっかりと説明しているように感じられます．実際，冒頭の用語説明部分を見ても，日本語の 3 行程度の説明に対して，英語では 20 行以上にわたって説明されています．さらに，大きく異なっているのは，注釈を含めた参考資料および文献の数で，英語版の方は 2 段組で表記され，圧倒的な差が見られます．また，文章への注釈の付け方や参考資料の表記の仕方などの記述様式の差異は，言語の違いこそあれ，執筆者の専門領域の違いを強く感じさせます．その記述様式から見れば，英語版は社会科学領域の研究者が担っているのに対して，日本語版は工学またはシステム開発を担う実務領域の研究者が担っているものと推察されます．このように Wikipedia での説明を外形的に比較する限りにおいて，日本語の「情報システム」と英語の "Information system" とはその用語の社会的な意義や位置づけが大きく異なっていることがわかりま

す。少なくとも英語圏の社会の方が用語に関連する重要事項が多くあり，また
用語に深い思い入れを持った記述者が多数存在していることを感じさせる状況
にあるといえましょう。

　さらにその記述内容を精査してみると，情報システムという事象を注視して
いる人々の認識や，了解事項，捉え方などの用語をめぐる社会的な立脚点や視
角が浮き彫りとなります。日本語版での冒頭の用語説明では，国語辞典の記述
を参照しつつ，

> *情報システム (information system)，または情報処理システム (information
> processing system) とは，情報の処理や伝達などを行うシステム。コン
> ピュータやネットワークなどを使用する，いわゆるコンピュータシステム
> を指すことも多い。または IT システムとも呼ばれることも多い。*

と一般的な用語として説明されているにすぎません。これに対して，英語版で
は用語の対象範囲を，情報システム (IS: information system)，コンピュータシ
ステム (CIS: computer information system)，情報システム学 (information sys-
tems)，情報サービス (information services) の4つに大別して，それぞれの用
法とその差異，対象領域などに詳しく言及しつつ，より厳密に用語を定義して
います。そして IS は，

> *情報を収集，処理，貯蔵，配布するよう設計された形式的，社会工学的，
> 組織的システムであり，社会工学的観点から捉えた情報システムは，仕
> 事，人間，組織構造（役割），技術の4つの構成要素からなる。*

と，より明確な概念提示に基づいた説明がなされています。しかも注目すべき
点として，日本語版では同一対象として扱われている，CIS と IS との差異に
ついて特に注意が払われており，「IS は，意思決定を容易にするデジタル製品
同様に情報を提供し知識に寄与するデータの収集，貯蔵，処理要素を統合した
もの」と具体的な定義を述べるとともに，ソフトウェアが組み込まれた CIS
と同義での用語使用を指摘しつつも，「CIS は相互に情報を処理し解釈する人
間とコンピュータとが構成要素のシステムである」と，その相異について解説
を加えています。

　学問領域である情報システム学についても，英語版では独立した項目が立てられ，「人や組織がデータ処理に用いるデジタル情報通信技術による相補的ネットワークと情報に着目したシステムに関する学術的研究分野である」と明確な定義が述べられるとともに，「研究対象としてユーザ，処理，記憶，入出力，相補的ネットワークなどを含めた境界が明確な情報システムに焦点を当てている」と説明されています。また英語版では，企業経営のために構築された具体的な CIS を IS の範疇に収めつつも，CIS はあくまでもビジネス遂行の支援を目的としたシステムにすぎず，IS そのものではないことに注意を促し，人々の認識を促すような記述が見られています。さらに，「IS は人間の活動システムとデータ処理システムとを橋渡しするものであり，データが表象する社会的記憶のようなコミュニケーションシステムとして機能できる。それゆえに，人々の行動や意思決定を支援する半正規的な言語とも捉えることができる」と，現代の情報化社会の様相を捉える視点であることまでもが述べられています。

　両者の記述内容を比較してみると，日本語版の主体的関わりや主張を感じさせないさめた形式的記述に対して，英語版は専門用語および研究分野としての IS への思い入れの強さが感じられる記述内容となっています。それは，図 7.2 の目次項目にも示されているように，英語版の網羅的かつ詳細な記述と学術研

目次	Contents
1. 情報システムと情報処理システム	1. Overview
2. 日本語の「情報システム」について	2. Types
3. 法令による定義	3. Development
4. 企業内の情報処理システム	4. As an academic discipline
5. 注釈	5. Career pathways
6. 出典	6. Research
7. 参考文献	7. See also
8. 関連項目	8. References
	9. Further reading
	10. External links

図 7.2 Wikipedia における「情報システム」と
"Information system" の目次項目の差異

究領域としての位置づけ，さらには学習者や従事者のキャリアパスへの言及などからうかがい知ることができます。それと同時に，書き手のスタンスの相違にも気づかされます。

　日本語版では，国語辞典での説明に始まり，ソフトウェア工学的な解釈と，日本学術会議による勧告や JIS 規格といった，権威づけられた文書の部分的引用による外形的な解説がなされ，コンピュータ科学の視点から社会的応用分野として議論の射程外の事象のように述べられているものの，明確な概念の提示や定義はなされていません。そのため，説明文も簡素であり，記述内容も唯一の参考文献として明記されているソフトウェア工学からの見方と相まって，あたかも「情報」なる対象が明確に存在して認識でき，明示的／暗黙的を問わずにそれらを操作し処理できる，という第三者的視点からの捉え方に終始した記述のような印象を受けます。実際，「情報を扱う」「システム」との捉え方は，当事者たちの行為によって付帯的に発生する事象といった他人行儀的なニュアンスであることからも，情報システムそのものに主体的に関与し，取り組もうとする姿勢が希薄に感じられてしまうことは否めません。

　これに対して英語圏での IS は，一般用語としてではなく専門用語として，研究者や学会などの専門家集団によって明確な定義がなされ，詳細に記述されていることがわかります。しかもその記述内容からは，CIS だけでなく，仕事，人間，組織構造といった構成要素を強く意識し，コンピュータに依拠する現代のシステムにおいても，人間との共生環境として構築されるシステムとしての捉え方が強く主張されています。これらのことから，英語版は日本語版で参照されている計算機科学の国際学会である ACM (Association for Computing Machinery) による技術システム偏重の見方とも一線を画していることがわかります。

　この比較から見える興味深い点は，日本語版の「情報システム」項目と英語版の "Information system" 項目とは，他言語サイトとして相互に関連づけられているにもかかわらず，日本語版の方では IS の専門家によって詳細に記された英語版の翻訳となっていないということです。しかも専門家によって記述された英語版の存在さえもほとんど無視して，国語辞典や政府機関による文書，工業規格などの権威づけされた資料に範を求めた独自の記述となっている

のです。多くの学術的分野で，欧米文化圏での先行する議論や研究知見に範を求めてきた日本社会でこのような事態に至っていることこそ，特筆すべきことといえましょう。それは，英語圏での定義や捉え方が日本の社会的文脈にそぐわない，少なくとも日本の人々はその対象を同様には認識していないことを物語っている，と捉えることができるからなのです。

　人々の間で情報システムを巡る議論を誘発し，その取り組みや研究を進めるためには，まず第一にその対象に対する社会的な共通認識を得ることが不可欠

英語文化圏における情報システム研究の位置づけ

　英語版の Wikipedia では，情報システム (Information Systems) と情報技術 (Information Technology) とともに，隣接するコンピュータ科学 (Computer Science)，実務／経営学 (Business/Management)，そして情報科学 (Information Science) の関係性が図のようにまとめられています。それぞれの関係性については，概念の包含関係も示されており，日本語版よりも明示的です。ただし，実務界 (the Business World) における関係性というタイトルからも明らかなように，実務的視点からの取り組みであることがよくわかります。本書で議論としている情報システムの視座や対象範囲は，この図で全体を包含している情報科学に位置づくといえましょう。

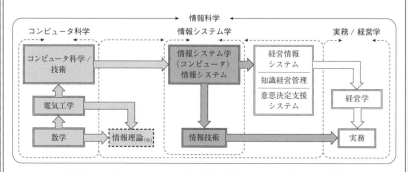

実務界におけるコンピュータ科学と情報システム学との関係性

出典：https://en.wikipedia.org/wiki/Information_system#/media/File:IS-Relationships-Chart.jpg より翻訳 (Dbmesser (2011), CC BY-SA).
情報科学は，企業や行政などの実務に関わる利害関係者の観点から問題を理解することを主眼とし，必要に応じて情報およびその他の技術を適用することにも焦点を当てる学術研究領域であり，コンピュータ科学，情報システム学，認知科学，経営学，図書館情報学，数学などの多くの分野が組み入れられた複合領域です。
（※）情報理論は，数量的情報に特化した関連分野として掲載。

です。ただしこれまでは，ここで見てきたように，それぞれの社会での文脈に適合した情報システムの認識の枠組みが，構築されたにすぎない状況にあるといえるのです。しかしそれでは，それぞれの社会的文脈を超えた，より広く一般的な人間社会における情報システムの議論には昇華できません。その意味からすれば，日本語版 Wikipedia の状況は，むしろ英語版での説明や定義に否を投げかけ，異なる社会状況においても真に役立つ普遍的な認識の枠組みの必要性を訴えかけている，と捉えることさえできるのです。

7.2　情報システムの射程と関与する事象

　これまでに述べてきたように，文明を創出し育て上げることに貢献する，情報メディアを取り扱うことによって形成されてきた情報システムは，まさに文明社会と表裏一体の関係性を持っています。それゆえに，文明社会を支え育む，情報システムの社会的位置づけやそれに依拠する学術的取り組みは，前節で見てきたように，人々が生活を営む社会的文脈としての文化や規範に依拠して，大きく異なることとなるわけです。それと同時にここで注意すべきことは，これらの仕組みが人々の情報行動を駆り立てるわけではなく，むしろ人々の行動意欲がそれらの技法や技術を発展させる原動力となってきたということです。人々が社会的に活動しようとする意欲は，個々人の意識や考え方によって大きく左右されますし，その社会での意義や規範などの文化的な面にも大きく影響を受けています。しかも，文明社会と情報システムとの相互的な発展とともに拡大し続けてきた，人々の情報活動の場である情報空間は，デジタル情報技術を基盤とする現代社会において，身体性を逸脱するほどにまで拡大を遂げ，現実と情報空間の主従関係をも含めたせめぎ合いさえ感じられるまでになっています。

　このように情報システムには，情報メディアを取り扱う機能的システムとしての技術的な可能性や可用性を越えて，社会構造や制度についての具体的な構想と共に，文化との適合性やその醸成，さらには個々の社会構成員の意識形成までもが幅広く関連しています。しかも，社会を組織する人々に必要な情報とは，現実世界に存在し，客観的に捉えることができる「モノ」ではなく，人々

の心の中に形作られ，「こと」として語られる主観的な事象です。このような
主観的な事象は，人間の内面に形成される知覚意識であり，明示的に情報メ
ディアに表現し難いことでもあるのです。つまり情報システムは，コンピュー
タや通信装置のような個別の機器や技術によって形作られる機能システムに支
えられつつも，それらの機能システムと人間，制度，文化などとが相互に織り
なす社会的な現象，と捉えるべき「事象」といえるわけなのです。しかしそれ
ゆえに，その総体を捉えて評価したり議論したりすることが難しい対象とも
なっているのです。

　そこで，このような社会的事象を捉える視座を示唆してくれるギブソン・バ
レル (Gibson Burrell) とガレス・モーガン (Gareth Morgan) の社会学的パラダ
イムの分類軸を用いて，情報システムとして認識される「事象」を分類してみ
ると，図 7.3 のように示すことができます。図 7.3 では，横軸を主観的と客観
的との視点の差異とし，縦軸を秩序・統制と対立・葛藤という社会および社会
構造の捉え方の差異としています。この 2 軸によって分類される 4 つの象限
は，それぞれに情報システムとしての取り組み方の視点や対象を示していま
す。以下，それぞれの象限について説明します。図 7.3 の右側は，社会を構成
する個々人にとって主観的な事象で，左側は客観的に捉え扱える事柄です。主
観的な事象のうち，図右上の第 I 象限にあたる秩序・統制的な社会形成に寄与
するのは，文化や社会的規範に関することです。図右下の第 IV 象限にあたる対
立・葛藤的な社会状況の要因となるのは，個々人の意識に深く根ざした意識や
心理に関することです。これに対する客観的な事象の中で，図左上の第 II 象限
にあたる秩序・統制的な社会状況で機能性向上に寄与するのは，情報メディア
にまつわる技術や技法，さらには機械的機構の社会適用に関することです。そ
して，図左下の第 III 象限にあたる対立・葛藤的な社会状況で要請されるのは，
法や規則などの社会制度を整備しそれを遵守させるための権力機構を構築す
る，といった社会の構造化に関することです。

　これらの各象限の事項は，それぞれが独立しているわけではなく，相互に関
連し合っています。その中でも特に，機能的な取り組みである第 II 象限の機
能・技術的事項は，第 IV 象限に示される個々人の意識・心理的事項と深く結び
ついています。情報メディア技術や機能システムは，それを利用する人々に情

══ G・バレルと G・モーガンの社会学的パラダイムの分類軸 ══

　英国の社会学者である G・バレルと G・モーガンにより 1979 年に上梓された *"Sociological Paradigms and Organisational Analysis"*（邦訳『組織理論のパラダイム』）は，組織理論の古典的なテキストとして国際的に知られています。彼らは，社会理論と組織理論の隠れた前提を探求するために，図のように主観的 (subjective) と客観的 (objective) との視点の差異と，秩序・統制 (regulation) と対立・葛藤 (radical change/conflict) という社会および社会構造の捉え方の差異との 2 軸からなるパラダイムの分類軸を提唱しています。この 2 軸により，多くの異なる理論を分類し，位置づけるとともに，それらの相違が社会的現実の性質に関しての全く異なる暗黙の仮定に基づくことを議論しています。この 2 軸による 4 つの象限は，それぞれ「解釈主義」，「機能主義」，「根元的構造主義」，「根元的人間主義」のパラダイムの前提を意味し，人間組織に対する私たちの認識や見方にどのような影響を与えるかを示しています。そのため，この分類軸は，多くの分野で世界中の多様な研究者たちにより，その研究領域の基本的な理論や仮定を批判的に捉えて議論する目的で利用されています。

　ちなみに，パラダイムとはギリシャ語でパターンを意味する pærədaım に由来し，類似の出来事の範型を説明するための用語です。トーマス・S・クーン (Thomas S. Kuhn) が 1970 年に出版した *"The Structure of Scientific Revolutions"*（邦訳『科学革命の構造』）で，科学や哲学を一定期間導く規範となる思考のパターンや枠組みとして提起した概念です。『広辞苑』によれば，それが現代では一般化され，一時代の支配的な物の見方や時代に共通の思考の枠組みを指すようになったと説明されています。

The Sociology of Regulation
秩序・統制

| Functionalist
機能主義 | Interpretive
解釈主義 |

Objective ─────────────────── Subjective
客観的　　　　　　　　　　　　　　　　主観的

| Radical Structuralist
根元的構造主義 | Radical Humanist
根元的人間主義 |

The Sociology of Radical Change
対立・葛藤

図 7.3　情報システムが射程とする事象

報活動の場である情報空間をもたらすため，利用者の意識に強い影響を与える
と同時に，その意識に主導されて利用が促進されるからです。その一方で，社
会的な取り組みである第Ⅲ象限の機構・制度的事項は，第Ⅰ象限の個々人が抱
く社会・文化的事項と表裏一体に結びつくことによって実効的となります。社
会の制度や規則は，構成員の行動や行為の選好に大きく影響を及ぼしますが，
人々はそのような制度や規則を高度に解釈しながら社会的な価値観を形成し，
行為を意味づけようと試みるからです。しかし，技術的な取り組みと社会的な
取り組みとは，このような直接的な関係ではなく，むしろ間接的で相互に牽制
し合う関係にあります。例えば，技術的な取り組みによって人々の考え方や見
方に生じた変化は，直接表出するのではなく，社会的な行動規範の捉え方や価
値観などの間接的な変化として，徐々に表面化することでしょう。その一方
で，社会的な規制や能力の限界を打ち破るために技術を開発したり，利用した
りする行為も，それが社会的に見過ごせない状況や社会問題として認識される
ようになるまでは，新たな規制や制度が施行されるわけではありません。あら
かじめ規則や法によって強く縛り付けては，積極的な活動意欲がそがれてしま
うことにもなりかねないからです。

　これら2つの取り組みは，前者が情報技術が直接的に関与する技術的な関係

性であり，後者が情報技術をとりまく社会や人々に間接的に関与する社会的な関係性であるといえます。図7.4に示すように，各象限の事象同士もそれぞれお互いに関与し合っていますが，それらはこの2つの関係性に比べて非常に弱い関係といえます。それは，この2つの強い関係性同士が間接的に関与し合うことによって生じる，付帯的な関係性であるからです。デジタル情報技術による機能システムは，社会を直接形作ったり，社会構造を決定づけたりしているわけではないのです。それはむしろ社会を形作るための基盤として，制度を施行して遵守させるための枠組みを提供するような，間接的要因となっているのです。また，それと同時に，社会の基盤や制度に則って，あるいはそれらをかいくぐろうとして，新たな技術や機能システムの開発が要請されるような相互関係でもあるのです。

　図7.4は，機能や技術だけに依存するような1つの事象による解決方策が，情報システムに関与する4つの事象の1つにすぎないことを示しており，その他の3つの事象に関することとともに，その手立てが誘発する影響への対応策をも考慮した解決方策が必要であることを示唆しています。つまり，技術的な問題解決方策として開発される機能システムは，それを取り巻く社会的制約や社会的規範，利用者意識などとの整合性を考慮した技術的解決策となっていな

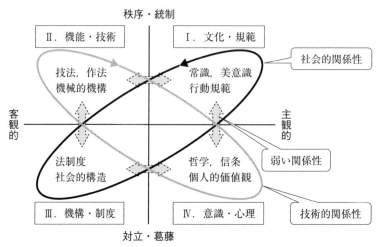

図 7.4　情報システムが射程とする事象の関係性

ければならないわけなのです。見方を変えれば，新たな機能システムの開発には，そのシステムが導入される社会の制約条件や規範，利用者意識などのあり方を設計し，形成するための方策をも企図することが必要とされるわけなのです。そして，情報システムが活性的に働き続けるためには，システムの主要な構成要素である人々が，機能システムとの相互行為によって，齟齬なく，より円滑に活動できる環境を提供し続けることが望まれます。しかし，単に技術的見地から取り組まれた機能システムだけではこのような環境を望めませんし，人々の技能スキルが高くなければ，機能システムの持てる能力を十分に引き出し，活用することも叶いません。逆に，どんなに優れた機能システムが導入されたとしても，それを利用する意義が認知されない状況であったり，利用に関する制約条件や規則が厳しい状況下にあったりすれば，情報システムとしては活性化しないのです。

　このように，情報システムの機能性を発揮させるためにも，図7.4の各象限の事象への取り組みがバランスよくなされていることが重要であることがわかります。つまり，現実的な情報システムは，これらのうち1つの象限からの視点に偏ることなく，すべての象限からの視点の調和状態を目指して取り組まれるべきことなのです。しかし，そのことは裏を返せば，理想的な観点からは，常にすべての点で満たされていない妥協の産物のように，そのシステムが見られてしまうことは否めません。しかも外見上は，関係する事象に対して網羅的かつ慎重に取り組まれていないシステムとの見分けがつきにくく，客観的に確たる証拠も提示し難いのが実状です。それゆえ現実社会においては，機能性や経済性のような，客観的に捉えて議論できる事象に片寄った対策に力が入れられることとなり，人々の育成や啓蒙によって成し遂げられることさえも，そのような客観的な手立てによって対応しようとすることとなってしまうのです。ただしそれは，手間暇かけたわりに効用が得られないだけでなく，総体的な情報システムを複雑化することにもなるため，情報システムを取り巻く問題として見極め難く，解決も容易でない社会問題へと発展する危険性をもはらんでいるのです。

7.3　技術と社会が織りなす相互作用のダイナミズム

　新たに企図された情報システムが社会に導入されるということは，それがいかにうまく設計開発されていようとも，その社会に大きく影響を及ぼすこととなります。図 7.4 が示しているのは，このような技術的な機能システムには期待される直接的な作用とともに，その作用と受け止める社会的関係性に間接的な反作用が生じるということです。しかも，新たな機能システムを導入するような技術的関係性の変化がもたらす社会への影響は，間接的であるがゆえに時間差を伴ってじんわりと現れます。その顕著な事例としては，図 7.5 に示したポスターの意図に見出すことができます。図 7.5 のポスターは，今日一般的に使用されている多機能な切符販売機が初めて登場した昭和 44 年に利用者啓蒙のために制作されたものです。現代の視点から見れば，このポスターに描かれた女性の憤りは何とも社会常識を逸脱したものと受け止められるかもしれません。しかし，昭和 44 年当時は，通常よく購入される 30 円，40 円，50 円区間用にそれぞれ単機能の券売機が設置されていて，指定の金額を投入するとあらかじめ印刷済みの切符が一枚出てくる，という単純な機能システムでした。しかも，これらの券売機は釣り銭が出ないため，切符の購入者は周囲に設置された両替機を使用して，あらかじめ小銭を用意してから購入することが社会通念となっていたのです。そのため，よく券売機を使う利用者には「必要な金額の小銭を用意して投入すれば，該当する切符が出てくる」というような既成概念が形成されており，実際ここに描かれた女性のように，かえって戸惑ってしまう利用者が後を絶ちませんでした。そのような問題状況が，このように注意を喚起するポスターの作成に至った経緯であることを物語っているわけなのです。

　現代の文化環境に生活する私たちにとって，ここに描かれたような多機能な切符販売機の利用方法は社会常識であり，年端のいかない子どもでさえも知っていることでしょう。しかし逆に，私たちが昭和 44 年当時の社会状況に置かれたならば，単機能の券売機に戸惑い，周囲から失笑を買う行為をしてしまったり，券売機に怒りをぶつけたりするかもしれません。このポスターが物語るように，現代にも通じるような優れた機能システムであったとしても，それが社会的に受け入れられるまでには，このような普及・啓蒙活動に長い時間を要

図7.5　多区間用切符販売機登場当時のポスター [帝都高速度交通営団 1969 より引用]

してしまうのです。したがって，情報システムを企図し，それを社会的に施行
するには，新たな機能システムの開発から導入までの過程だけでなく，それが
社会に受け入れられて普及し，技術的な作用と社会的な反作用とが定常的に均
衡する状態に至るまでの過程をも含めて，その方策を考え練ることが必要とさ
れるわけなのです。実際，このような人間と機械とのコミュニケーションにお
ける問題状況を理解し分析するために，社会学のエスノメソドロジーに依拠し
た取り組みもなされ，私たちに見えないところでその成果が活かされていま
す。なお，反証的事例として，コロナ禍において，わずか数カ月で遠隔会議シ
ステムが世界中に普及し，コミュニケーション手段の一つとして社会に位置づ
いたことを思い浮かべる人もいるかもしれません。もちろんそれは，その機能
システムが危機的な状況下での社会の要請に応えるものであったことが主たる
要因といえますが，人々が迅速に対応し，多くの普及啓蒙活動もなされ，社会
的にも受け入れられてきたことを忘れてはならないのです。
　社会への新たな機能システムの導入は，技術的な作用として，静かな水面に

石を投げ込むような衝撃をその利用者に対して与え，直接的に強く影響を及ぼします。この技術的な作用によって利用者が得る効用や行動変化は，副次的な効果として社会的現象を引き起こすことから，衝撃による最初の波紋として社会的な作用も生じることとなります。その衝撃はまず導入の現場で発生し，それに直面する利用者が受容し啓蒙され，その利便性を享受すべく行動します。そのような行動は，やがて社会現象として人々に認識されるほどの広がりを見せることとなります。この社会への普及は，機能システムに対して評価のみならず改善要請をも突きつけることとなり，技術的な対応を余儀なくされます。これらの過程を経て，機能システムは社会的に受容され，社会の基盤として位置づいていくことになります。しかしこのような安定的な状態も，新たな技術開発や社会的状況の変化によって，次のシステム開発の要求やそのシステムに向けた要望を求める声が強くなり，変貌を余儀なくされることとなります。そして，この環境変化に応えるべく次期システムが開発され，それがまた利用環境に新たな波紋を投げかける，というようにこのサイクルが繰り返されていくことになるのです。

状況理解：エスノメソドロジー

　人間−機械コミュニケーションの研究者である英国ランカスター大学の教授，レーシー・A・サッチマン (Lucy A. Suchman) は，1980 年代に Xerox PARC (Palo Alto Research Center) で高機能なコピー機と利用者との相互行為分析に取り組みました。これは，社会学の分派として登場したエスノメソドロジー (ethnomethodology) に依拠した行為についての実践的推論により，人々の状況理解の背後に潜む認識の枠組みを探り出した先駆的な取り組みといえます。研究過程の詳細については，"*Plans and Situated Actions*"（邦訳『プランと状況的行為』）にまとめられています。エスノメソドロジーは，米国の社会学者であるハロルド・ガーフィンケル (Harold Garfinkel) によって提唱された，社会的相互作用の過程やその過程を通じて社会秩序がどのように生み出されるかをミクロな視点から捉える研究アプローチです。会話分析を中心とする一連の相互行為分析の手法は，利用者とのコミュニケーションが必要なソフトウェアの設計や仕事の現場での相互行為の分析などでも用いられています。また，認知科学者である上野直樹は，『仕事の中での学習』で，この状況的行為を仕事の現場における学習や，コミュニティおよび人工物との関係形成の過程と捉えた状況的認知論（状況論）を展開しています。

　情報システムにおける技術的関係と社会的関係は，このように時間差を伴いながら相互に影響し合うのです。その2つの関係の相互作用性は，電界と磁界の相互作用によって電磁波が伝播されてゆく過程と同様と捉えることができます。もちろん，その2つの関係の相互作用は，電磁場のように瞬時に生成されて変化が伝わるものではなく，むしろ変化が感じられないほどの時差を伴った変化であるといえますが，その変化の過程自体は，図7.6に示したように，電磁波の伝播モデルと同様と捉えることができるのです。機能システムの導入がその利用者に利便性を提供する（図7.6左端の円）ことにより，人々の行動が変化し，その副作用としての社会現象が引き起こされ，同時に，社会を構成する人々の社会規範のあり方や社会的意識に変化をもたらします（図7.6左側の楕円）。人々の意識や考え方の変化は，機能システムの普及と利用範囲の拡大をもたらすだけでなく，機能システムへの利用者ニーズを高めますが，その一方で人々の情報処理能力や仕事のやり方などの能力評価については再考されることになります。しかもそれは，人々に新たな機能システムへの対応や追従を迫ることにもなるため，機能システムを普及するための教育，訓練，および啓蒙活動，情報に対する権限や責任などを含めた組織構造の認識と調整などの実施を迫られることにもなるのです（図7.6中心の円）。このプロセスは，機能システムの開発導入とは逆に利用者側からの機能システムへの働きかけや積極的な調整活動といえます。

　機能システムはこのような人間活動によって社会に受け入れられていくことになりますが，そのシステムを機能させる社会的環境の整備をも促すことになり，社会的基盤としての実装が志向され，その実現へと導かれることとなります。それは，機能システムが社会に受容されて安定的に運用されることを前提に，社会全体が成熟していくプロセスと見ることができ，これを達成するには，機能システムが導入されるのとは反対に，導入を意思決定する機関への働きかけや社会的活動が必要となります（図7.6右側の楕円）。このような社会の変容は，機能システムを受容した社会の再構築プロセスということもできます。これは，機能システムの開発導入プロセスとは反対に，その機能システムが現出させる情報システムに整合するように社会の仕組みを適応させるプロセスです。しかも，このプロセスは実際にシステムを利用する現場からボトム

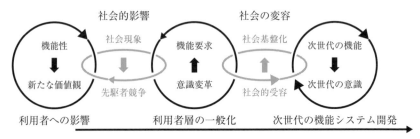

図 7.6　技術的関連と社会的関連との相互作用モデル

アップに行われ，社会全体が新しい機能性を享受できるようになるのは最終的
な段階に至ってからのこととなります。そしてこのように機能性が行き渡った
社会では，システムに対する厳しい評価が下されたり，利用者の認識が変化し
たりすることから，それらに対処する形で，次の世代を担う新しいシステムの
要請が生み出されることとなるのです（図 7.6 右端の円）。

　しかしながら，このような技術的取り組みと社会的取り組みとが間接的に相
互に牽制し合う関係性こそが，情報システムの全貌を捉えてデザインすること
を困難にしている根元的な原因といえましょう。なぜなら，システムを企図す
る段階でこの相互に牽制し合い効果に時間差を伴っている，技術的な取り組み
と組織的な取り組みの双方を考慮しながら設計しなければならず，しかも両者
の微妙なバランスを保ちながら精力的に実現に取り組み続けなければならない
からなのです。なかでも特に，個人の意識や組織文化の醸成のような主観的な
事象が，設計者の意図した通りに定着あるいは発現できるかどうかは，組織や
人々の状況に大きく左右される事項ですから，形式的な取り組みや方法論だけ
で実現できることではないのです。このことが，情報システムの設計だけでな
く，開発導入された情報システムを活性化し，かつそれを維持するための，バ
ランスのよい取り組みをも困難にしている要因ともなっているのです。

7.4　メディアとしての情報システムの特性

　情報システムに関する事件や問題は世界各国で多数発生しており，それらの
トラブルによって個人や社会が被る損害や危険は，社会的な事件として大々的
に取り上げられるほどに重大で深刻なことといえます。そのような観点から，
情報システムに関する取り組みも，単に技術を中心とした機能システムを構築
することから，機能システムを取り巻く組織のあり方や社会への影響，そして
それらを踏まえた機能システムの設計方策の策定へと広がりを見せ，世界中の
多くの研究者たちの間で活発に議論されています。機能システムを取り巻く社
会の捉え方としては，第二次世界大戦の頃から取り組まれ，米国の社会心理学
者であるクルト・ルーウィン (Kurt Lewin) が提唱した，社会的活動と批判的
な研究活動を同時並行的に進める社会科学的研究哲学であるアクションリサー

電磁波の伝播モデル

　電線に電気を通すと，電子の流れによる磁界がその周囲に生じます。この電気の
流れを変化させると磁界に変化が生じ，それが別の電界を生み出します。このよう
な，電気の流れの変化が引き起こす磁界と電界との連鎖が電磁波であり，一般には
電波と呼ばれているものの正体です。電界と磁界の変化の連鎖は光の速度で伝播し
ますから，実際に電磁波が生ずる過程を観測することは困難ですが，図のようなモ
デルで表せます。なお，磁界や電界の場には流れの方向性があり，1つ置きに反対
方向になっています。そのわけは，図の磁界Ⅰと，それが生じさせる電界Ⅰが引き
起こす磁界Ⅱとは，作用と反作用の関係になるからです。そのようにして場の変化
が連鎖していくことがこの図に示されているのです。

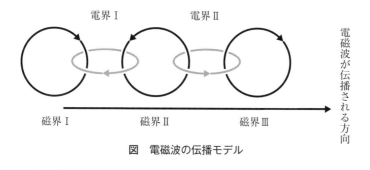

図　電磁波の伝播モデル

チ (action research) や，英国の社会科学研究機関であるタビストック研究所 (Tavistock Institute) が提唱した，社会技術的アプローチ (socio-technical approach) などがあります。そして情報システムの開発方法論としても，それらの対象や問題状況の捉え方に基づいた方法が提案され，実践的にその有効性が検証されています。代表的なものとしては，英国の経営科学者であるピーター・チェックランド (Peter Checkland) が提唱した，社会問題全体を対象として捉えるソフトシステムズ方法論 (SSM: soft systems methodology) や，同じく英国の社会科学者であるイーニッド・マムフォード (Enid Mumford) が提唱した，人々への実装を指向した CIS のあり方を考える ETHICS (effective technical and human implementation of computer systems) などが挙げられます。

　しかし，これらの方法論は社会問題や企業経営などの広範囲にわたる実践的な問題解決アプローチであることから，情報システムとして捉える範囲や設計の視点は統一されたものではなく，事例ごとに個別に議論されているのが実状です。そのため，これらの方法論による設計アプローチは，情報システムというよりは，むしろ社会や企業組織などの設計とそこでの情報処理のあり方という見方をされがちであり，その成果に対する社会的な評価もさまざまで，定評を得られない状況下にあります。その一方で，技術的に機能システムを開発することで，高圧的な力により個別の問題に対処しようとする取り組みが後を絶たず，情報システムを CIS と捉える一般的な見方とも相まって，情報システムの認識を新たにすることはより困難な状況になっているといえましょう。

　そしてそれ以上に重要なことは，機能システムを核としたコミュニケーションによって形成される，情報システムの構成員としての，人々の意識や取り組み姿勢にこそあるといえます。それこそが，情報システムを活性化させる原動力であり，組織や社会における人々の活動のあり方を決定づける要因として作用するからです。社会に導入された機能システムは，その利用者に精神的な情報活動の場である情報空間をもたらしますが，それはそれぞれ異なっています。人々が認識する情報システムは，図 7.7 に示すように，この情報空間において情報活動がなされたという感覚刺激がもたらされる，コミュニケーションおよびその過程を指し示していると捉えることができます。しかしそれは，そ

れぞれが抱く情報空間での情報活動をもたらす情報システムの捉え方によって
大きく異なります。極端なケースとして情報空間での共通の活動のみを捉える
のであれば、最大公約数的な情報空間を人々に共通する最小限の機能としても
たらす情報システムとなります。逆に、情報空間内のすべての活動を包摂しよ
うとするのであれば、最小公倍数的な情報空間を人々にもたらす情報システム
となります。もちろん前者のような情報システムは、情報空間の必要最小限の
機能が提供されるのみですが、すべての人にとって同質で平等な取り組みとい
えます。ただし、情報システムの企図に際しては、すべての人が納得できる、
共通機能を探り出さなければなりません。一方、後者のような情報システム
は、可能な限りの情報空間の機能が盛り込まれ提供されるようになりますが、
それぞれの人によって提供される機能性が異なります。しかも、必ずしも期待
されるすべての機能がそのシステムに盛り込まれるわけではないことから、不
平等感が抱かれる危険性さえはらんでいます。情報システムの企図に際して
は、共通機能を精査して抽出する手間は省けますが、すべての機能を盛り込み
切れない場合には、それらの取捨選択が必要とされ、外された機能を必要とす
る利用者にとって不平等感は否めなくなります。

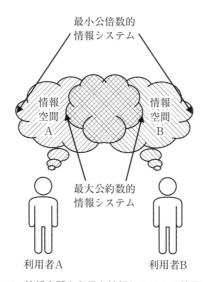

図 7.7 情報空間から見た情報システムの位置づけ

　また前者の取り組みは，図 7.8 (a) に示すように，提供される機能性は必要最小限であるものの平等であり，人々が自由に社会活動を営むことができる共通舞台としての機能性を提供することにもつながります。一方，後者の取り組みは，図 7.8 (b) のように，提供される機能性は多いもののまちまちで，平等には感じられません。しかも，多様な機能を精査せずに盛り込むことは，逸脱行為と創造的行為との峻別を難しくすることから，企図された情報システム内部で，相互に標準的な振る舞いの実践を監視するような状況を誘発してしまうことさえあるのです。

　このような社会の様相の差異は，情報システムとしての社会変容のダイナミズムが作動することによってもたらされますが，同様の機能システムが実装された似たような社会であっても，人々の意識や文化的状況などのわずかな差異が，大きく寄与するといえます。社会学での知見が示唆するように，正反対の見方ができる社会的様相のいずれの面が表に出るかは，情報システムが形成された社会の状況に依拠しているのです。そのため，情報システムを活性的に保つためには，人々のコミュニケーション活動と同様に，システムを構成する人々がそのダイナミズムの作動状況を常に注意深く観察し，方向づけていかなければならないわけなのです。

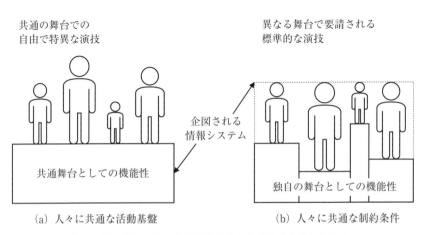

共通の舞台での
自由で特異な演技

異なる舞台で要請される
標準的な演技

企図される
情報システム

共通舞台としての機能性

独自の舞台としての機能性

（a）人々に共通な活動基盤　　　　　（b）人々に共通な制約条件

図 7.8　企図される情報システムの差異による人々の行為の違い

対象の分析から始まる開発方法論

　情報システムの開発方法論の第一歩は，開発対象となる情報システムの実像を探り出して定式化することにあります。それには，現場の観察や主要な人々とのコミュニケーションを通して，人々の活動状況や相互行為で交わされる情報メディアの全貌をつかみ，理解する必要があります。そのため，これまで数多く提案されてきた方法論は，どれも本質的な情報システムの姿を見出す分析方法を提供してきたと捉えることができます。例えば，構造化手法では物理的な情報メディアや仕組みを排除して，物事の論理的関係性として情報システムを定式化する論理化 (logicalization) が提唱されています。また，オブジェクト指向方法論は，言葉の上位下位概念に依拠して，集合名詞のような，より上位に位置づけられる言葉で情報システムを定式化しようとする取り組みと捉えることができます。デイビッド・エイビソン (David Avison) とガイ・フィッツジェラルド (Guy Fitzgerald) による開発方法論についての国際的な標準テキストである "Information Systems Development" には，それらの全貌が整理されて解説されています。

オートポイエティック・システム：自己産出系

　ウンベルト・R・マトゥラーナ (Humberto R. Maturana) とフランシスコ・J・ヴァレラ (Francisco J. Varela) が提唱したオートポイエティック・マシンとは，構成素が構成素を産出するという産出過程のネットワークとして，有機的に構成された機械のことを意味します。社会学者のニクラス・ルーマン (Niklas Luhmann) は，それを社会システムとして，その構造だけでなくシステムを成り立たせている諸要素をも，当の諸要素のネットワークの中で産出していくオートポイエティック・システム（自己産出系）と定式化しています。そしてシステムを成り立たせている諸要素は，独立した存在を持たず，システムの中で初めて産出されると定義しています。

　社会学者の佐藤俊樹は，マスメディアを例にとり，ニュースとして伝えられたことは，既知の何かになり，もはやニュースではなくなるため，新たなニュースを伝えることを産出させる自己産出系となっていることを説明しています。そして，マスメディアをコミュニケーションシステムと見る場合の「コミュニケーション」は，従来の要素のネットワークが新たな要素を産出させていく，という産出ネットワークにあたると説明しています。図 7.6 で新たに要請される情報システムも，まさに自己産出された新たな要素と捉えることができましょう。

演習問題

課題：大学の講義でテキストを受講生が各自で調達する状況は，多くの文化圏で同様です。そのため，受講生全員がテキストを所持できるよう，多様な取り組みがなされています。

(a) 米国では，使用済みのテキストを古本としてリサイクルすることで安く入手でき，また，きれいに使用すれば受講後に買い取ってもらえます。

(b) デジタル環境が行き渡った北欧では，講義に電子デバイスを携行することを前提として，電子版のテキストが安価に提供されています。

上記の (a)，(b) の社会的状況が形作られている要因を図7.3で示した枠組みを用いて分析してみましょう。また，対偶的事例として，国や行政が認可した標準テキストを全員に配布するという状況を同様に分析し，上記の状況と比較しつつ，その得失について議論してみましょう。

参考文献

Avison, David and Fitzgerald, Guy (2006) *Information Systems Development (4th Ed.)*, McGraw-Hill.

Luhmann, Niklas (2002) *Einführung in die Systemtheorie*, Baecker, Dirk (Hrsg.) Carl-Auer-Systeme Verlag, Heidelberg（土方透 監訳 (2007)『システム理論入門：ニクラス・ルーマン講義録 [1]』，新泉社）.

Burrell, Gibson and Morgan, Gareth (1979) *Sociological Paradigms and Organisational Analysis*, Heinemann Educational Books（鎌田紳一・金井一頼・野中郁次郎 訳 (1986)『組織理論のパラダイム』，千倉書房）.

Chester, Myrvin and Athwall, Avtar (2002) *Basic Information Systems Analysis and Design (International Ed.)*, McGraw-Hill.

Checkland, Peter and Scholes, Jim (1990) *Soft Systems Methodology in Action*, John Wiley & Sons, Ltd.（妹尾堅一郎 監訳 (1994)『ソフト・システムズ方法論』，有斐閣）.

Checkland, Peter and Holwell, Sue (1998) *Information, Systems and Information Systems*, John Wiley & Sons, Ltd.

Flick, Uwe (1995) *Qualitative Forschung*, Rowohlt Taschenbuch Verlag GmbH（小田博志・山本則子・春日常・宮地尚子 訳 (2002)『質的研究入門』，春秋社）.

Garfinkel, Harold (1967) *Studies in Ethnomethodology*, Prentice Hall（山田富秋・好井裕明・山崎敬一 訳 (1987)『エスノメソドロジー：社会学的思考の解体』，せりか書房）.

廣松渉 (1988)『哲学入門一歩前：モノからコトへ』，講談社現代新書 0916，講談社.

藤田広一 (1971)『電磁気学ノート（改訂版）』，コロナ社.

情報処理学会 編 (1991)『情報システムの計画と設計』，培風館.

河本英夫 (1995)『オートポイエーシス：第三世代システム』，青土社.

Kuhn, Thomas S. (1970) *The Structure of Scientific Revolutions (2nd Ed.)*, University of Chicago Press（中山茂 訳 (1971)『科学革命の構造』，みすず書房）.

Maturana, Humberto R. and Varela, Francisco J. (1980) *Autopoiesis and Cognition : The Realization of the Living*, D. Reidel Publishing（河本英夫 訳 (1991)『オートポイエーシス：生命システムとはなにか』，国文社）.

Mumford, Enid (1983) *Designing Human Systems*, Manchester Business Scool.

Nonaka, Ikujiro and Takeuchi, Hirotaka (1995) *The Knowledge-Creating Company: How Japanese Companies Create the Dynamics of Innovation*, Oxford University Press（梅本勝博 訳 (1996)『知識創造企業』，東洋経済新報社）.

佐藤俊樹 (2011)『社会学の方法：その歴史と構造』，ミネルヴァ書房.

Suchman, Lucy A. (1987) *Plans and Situated Actions*, Cambridge University Press（佐伯胖 監訳 (1999)『プランと状況的行為：人間－機械コミュニケーションの可能性』，産業図書）.

帝都高速度交通営団 (1969)『メトロニュース』No.43, 昭和 44 年 8 月号.

Uchiki, Tetsuya (2009) "The Characteristics of Researches on Enterprise Information Systems in the Social Context of Japan", *Proceedings of CONFENIS2009*, Working Conference of IFIP-WG8.9, Oct. 28-30, Gyor, Hungary, pp. 59-60.

内木哲也 (2009)「情報システムの射程とそのデザイン視点」『埼玉大学紀要』埼玉大学教養学部，Vol.45, No.2, pp.11-21.

内木哲也 (2013)「社会的文脈における情報システム設計の意義づけに関する考察」『埼玉大学紀要』埼玉大学教養学部，Vol.49, No.2, pp.17-32.

内山研一 (2007)『現場の学としてのアクションリサーチ』，白桃書房.

上野直樹 (1999)『仕事の中での学習』，東京大学出版会.

おわりに

　本書は，1999年に共立出版より刊行された『基礎情報システム論』の増補改訂版として書き始められました。しかし，いざ書き始めてみると当時の論点の曖昧さや議論の浅薄さを痛感させられただけでなく，情報通信環境や情報システム利用状況の変化に伴う例示や説明の全面的な見直しを余儀なくされました。そのため，執筆に多くの時間を費やさざるを得ませんでしたし，内容的にも一部に面影を残す程度の新刊として仕上がりました。本書に盛り込むことを予定していながら，時間的およびボリューム的な制約から今回は見送らざるを得なかった事項や話題もありましたが，ひとまずみなさんにお届けできる形にまとめあげることができ，安堵している次第です。

　筆者が情報システム研究にかかわりを持つようになったのは，コンピュータによる数理的技術応用の第一人者である今は亡き浦昭二先生（慶応義塾大学名誉教授）による，博士論文の審査会での質疑がきっかけでした。当時，コンピュータの応用システム開発に従事していた筆者は，浦先生からの「単なるプログラムとシステムとの違いは何か」という根本的な問いかけに戸惑いました。取り繕った回答で何とかその場を凌いだものの，「システムとは何か」という難題は深く心に刻み込まれました。この出来事が，筆者の研究者人生を方向付けることになったのです。

　その後，筆者はコンピュータ技術の社会適用に関わる実務経験を経て，経営学を足がかりに，企業の経営管理を担う経営情報システムの研究に勤しんできました。そして，約10年の歳月を要して，ようやくその難題の一つの答えとして『基礎情報システム論』の刊行にこぎ着けたのでした。

　しかし，この「基礎」が外れた「情報システム論」を構築することは，道なき道を進むが如く，進路が見えず，路頭に迷いながら，情報システムという迷宮を手探りで解明していくような困難な取り組みでした。ただ幸いなことに，異動先の埼玉大学教養学部は，多彩な人文社会科学系の研究者たちによるリベラルな研究環境を擁しており，なかでも社会学的なメディア研究者との交流を通して，この迷宮を解明するためのヒントとなる数多くの刺激を得ることができました。また，卒業論文や大学院修士論文の制作や研究に真摯に取り組む学

生諸君とのゼミや研究指導での対話は，情報システムを捉える新たな視点と枠組みへとつながりました。さらに，デジタルネイティブの若者たちが直面し，日常的に接している情報システム像に触れることもできたのです。

　本書はこれらの成果の集大成です。情報システムは，利便性や情報処理といった機能性で語られるコンピュータシステムが，人々のメディアとして位置づくことで形作られる，ということを認識し，理解を深めてもらえればと願い，執筆いたしました。また本書で示した，情報システムを社会学的に捉える枠組みは，情報システムを分析し，新たに企図するためだけでなく，これまで現象を中心に捉え語られてきた，コミュニケーション，メディア，情報技術を包摂して総合的に捉える枠組みでもあることを学び取って下さればと願って止みません。

　企図された情報システムが社会や組織に根付くかどうかは，その利用者たちのコミュニケーションメディアとして息づけるか否かにかかっています。そのためには，社会の共通認識を探り出し，それを反映させた情報システムのデザインが不可欠です。しかし，メディアコミュニケーションは人々の社会生活の中での文化現象であるため，問題解決のための情報知覚を目的とする情報システムとは事象の見方が異なります。特に日本社会では，メディア文化は開発された情報処理システムの導入や運用に付帯した些細な事項として，深く議論されず，その醸成にも注意が払われてきませんでした。そのことによる問題は，平常時は表出しませんでしたが，2020年のコロナ禍でのCOVID-19に対する時代遅れのシステム対応として前景化し，日本社会のIT化が世界に遅れをとっていたという認識が広がってしまったわけなのです。賢明な読者のみなさんにはお分かりの通り，この状況はIT技術そのものの遅れではなく，社会のコミュニケーションメディアとして息づける，つまり社会が求めている，CISを構築できなかったことにこそ原因があったわけなのです。

　筆者はまだしばらくこの迷宮に留まり，このようなITやCISに関わる現代の社会問題の解明に勤しむつもりです。もし興味を持たれましたら，是非ご一緒に探検に参りましょう。

　最後になりましたが，本書の出版にあたって，企画段階から関わり遅筆な著者を暖かく励まして頂いた共立出版株式会社編集部の天田友理さん，そして，

本書の意図を汲み取り細心の注意を払って編集作業に取り組んで下さった影山綾乃さん，松永立樹さんに厚く御礼申し上げます。

2024 年 6 月

内木哲也

索　引

〈著者紹介〉

内木哲也（うちき　てつや）

1987 年　慶應義塾大学大学院理工学研究科電気工学専攻博士課程修了，工学博士
現　在　埼玉大学学術院　大学院人文社会科学研究科（教養学部）教授
専　門　情報システムの社会学，メディアコミュニケーション
主　著『基礎情報システム論』（共著，共立出版，1999）
　　　『実験経済学の原理と方法』（共訳，同文舘出版，1999）
　　　『経営情報論ガイダンス（第 2 版）』（分担執筆，中央経済社，2006）
　　　『入門政治経済学方法論』（分担執筆，東洋経済新報社，2008）
　　　『情報の基礎・基本と情報活用の実践力（第 4 版）』（共著，共立出版，2021）

社会情報システム概説
―コミュニケーション・メディア・
情報技術の観点から―

Introduction to Sociological Studies of
Information Systems:
From the Viewpoints of Communication,
Media and Information Technology

2024 年 7 月 25 日　初版 1 刷発行

著　者　内木哲也　ⓒ 2024

発行者　南條光章

発行所　**共立出版株式会社**

〒112–0006
東京都文京区小日向 4–6–19
電話　03–3947–2511（代表）
振替口座 00110–2–57035
URL www.kyoritsu-pub.co.jp

印　刷　藤原印刷
製　本

一般社団法人
自然科学書協会
会員

検印廃止
NDC 007.6
ISBN 978–4–320–12580–3

Printed in Japan

これまでの研究領域や研究方法を**越境**して
拡大・深化し続けている**認知科学**。
野心的、かつ緻密な論理に貫かれた研究によって、
ここに**知性の姿**が明らかになる──

[各巻] 四六版・上製本・税込価格

越境する認知科学

全13巻

日本認知科学会[編]／鈴木宏昭〈編集代表〉・植田一博・岡田浩之・岡部大介・小野哲雄・高木光太郎・田中章浩[編集委員]

シリーズ既刊書

続刊テーマ

共立出版 ※定価、続刊の書名、著者名は予告なく変更される場合がございます